지금 당장
당신의 SNS 계정을
삭제해야 할
10가지 이유

지금 당장
당신의 SNS 계정을
삭제해야 할
10가지 이유

재런 러니어 지음 신동숙 옮김

실리콘밸리 구루가 말하는 사회관계망 시대의 지적 무기

글항아리

일러두기
본문에 아래 첨자로 부연한 것은 옮긴이 주다.

재런 러니어의 이 책은 기술이나 스마트폰을 반대하는 내용이 아니다. 이 책은, 내가 읽어본 것 중 인터넷을 가장 긍정적으로 바라보고 있다. 왜냐하면 더 나아지기를 바라는 희망을 대담하게 펼치기 때문이다. 러니어는 소셜미디어를 뒷받침하는 사업 모델에 관한 깊은 의구심을 제기하면서 소셜미디어가 우리를 소비자가 아니라 상품으로 만들고, 눈에 안 보이는 제3자가 관계를 모니터하며, 데이터를 수거하고, 사람들 간의 소통을 사업 밑천으로 쓸 뿐 아니라, 우리의 행동을 좌지우지하고 조종하는 현실을 우리 앞에 보여준다. 새로운 온라인 세상을 만들 수 있지만, 그러려면 우선 우리가 갇혀 있는 기존 체계를 완전히 없애야 한다. 좋은 소식은 가두시위에 나설 필요도 없고, 심지어 방에서 나갈 필요조차 없다는 점이다. 우리가 할 수 있는 일은 그저 키보드 버튼을 하나 누르는 것뿐이다…… 서둘러서 꼭 읽어야 할 대단히 훌륭한 책이다.

_제이디 스미스 『필 프리Feel Free』 저자

소셜미디어를 사용하는 사람이라면 알고리즘의 무서움을 안다. 알고리즘이 나의 욕망, 심지어 감정까지 읽어내고 있음을 알아챌 때 섬뜩해진다. 소셜미디어를 사용하면서 단 한 번도 찜찜한 느낌을 가져본 적이 없다면 이 책을 읽지 않아도 된다. 하지만 뭔가 불길한 징후를 느꼈던 사람이라면, 이 책을 읽어야 한다. 나 또한 러니어의 책을 읽으며 내가 느꼈던 불안의 이유를 알아차릴 수 있었다. 물론 이 책을 읽고 저자가 권하는 대로 소셜미디어 계정을 삭제할지 여부는 각자가 결정할 일이다. 나는 몇 년 전부터 소셜미디어 다운사이징을 시도하고 있다. 트위터는 그만두었고, 페이스북과 인스타그램은 계정을 남겨두었지만 되도록 내

기분과 욕망을 드러내는 글과 사진은 게시하지 않으려 노력한다. 러니어가 제시하는 SNS 계정을 삭제해야 할 10가지 이유에 대한 내 나름의 대답인 셈이다.

_노명우 사회학자, 『세상물정의 사회학』 저자

나는 재런 러니어의 책을 두 권 번역했는데, 그때마다 인터넷 시대를 꿰뚫어보는 그의 통찰에 감탄했다. 그는 실리콘밸리의 내부 고발자다. 러니어는 구글과 페이스북이 어떤 식으로 돈을 벌고 그 과정에서 우리를 어떻게 조종하고 타락시키는지 폭로한다. SNS는 우리의 가장 인간적인 측면을 악용해 우리를 비인간적인 존재로 만든다. SNS는 수많은 사람의 피를 먹고 자라는 나무다. 우리의 정보와 노동은 빅데이터로 전환되어 거대 기업의 수익 창출에 동원되지만 정작 우리는 정당한 대가를 받지 못할 뿐 아니라 생존까지 위협받고 있다. SNS가 제공하는 공짜 열매에 환호하는 사람들에게 말하고 싶다. 나무와 열매를 키운 것은 바로 당신이라고. 그 열매를 먹을수록 당신은 점점 더 허약해질 거라고.

_노승영 전문 번역가, 『번역가 모모씨의 일일』 저자

스마트폰이 한국에 도입된 직후 나는 트위터를 시작했고 아주 열심이었다. 그때 '트친'이었던 사람들과 함께, 트위터가 우리의 도덕불감증을 높이면서 상대적으로 부끄러움이나 죄책감을 덜어준다고 우려했었다. 어떤 이슈에 대해 단지 남의 트윗을 리트윗하는 것만으로 내가 할 일을 다 했다고 자위할 수 있기 때문이다. 물론 그 또한 의미 있는 일이지만 우리 모두가 잘 알듯이 결정적으로 세상을 바꾼 것은 오프라인의 광장에서였다. 이제는 페이스북에서 더 많은 시간을 보내는 요즘, 나는 이 책을 읽고 나서야 지난 트위터 시절의 우려를 한동안 까맣게 잊고 있었음을 깨달았다. 내 주변에는 스스로 SNS 중독을 호소하며 계정을 삭제하는 이들도 드물지 않게 있다. 그런 특단의 조치를 취하지 않으려면 오

히려 이 책을 꼭 읽어봐야 한다.

_**이종필** 물리학자, 『이종필의 아주 특별한 상대성이론 강의』 저자

다른 누구도 아닌 재런 러니어의 말이라면 흘려들을 수 없다. 인터넷의 선구자이자 가상현실의 창시자, 디지털 휴머니즘 주창자의 말이니까. IT의 공과에 누구보다 밝고 정직한 그다. 소셜미디어는 좌편향도 우편향도 아닌 하향을 조장한다는 그의 말에 동의한다. 화근은 인터넷이 아니라 그곳을 돈벌이 영토로 장악한 소수의 기술 기업과 이들의 무료 콘텐츠 중독 전략, 광고 기반 사업 모델이라는 진단에도 수긍이 간다. 아직까지 나는 소셜미디어 계정을 없애진 않았다. 하지만 체류 시간은 확실히 줄였다. 당신도 한번 읽고 고민해보시길. 적시에 켜진 경고등, 잠수정 속 토끼, 탄광 속 카나리아 같은 책이다. _**전병근** 지식큐레이터, 『지식의 표정』 저자

SNS는 긍정적인 역동성이 있지만 나는 경계하는 편이다. 사용자들은 때로 타인에게 상처 주는 말을 문자로 또렷하게 전달한다. 이 말들은 보이지 않는 관객에게 휩싸여 있다. 또한 조리돌림을 자극하는 분위기가 쉽게 형성된다. 이러한 분위기를 경계하는 이유는 내가 고결한 인격을 갖춰서가 아니다. 반대로 나 역시 무서운 말을 뱉거나 말의 속도전에 참여하고픈 충동을 충분히 느끼기 때문이다. 재런 러니어의 말대로 중독에서 완전히 자유로운 사람은 없다. '공개된 뒷담화'에 익숙해지면 자신의 말이 타인에게 끼치는 영향력에 대해 덜 숙고한다. 이 책은 결국 '사람이란 무엇인가'라는 질문으로 향한다. 화면 너머에는 영혼이 있는 타인이 있다. 나는 '사람'과 대화하는가. 이를 고민하는 사람들에게 권하고 싶다. _**이라영** 『진짜 페미니스트는 없다』 저자

이 책은 발전이란 수레바퀴의 위험을 경고하는 친절한 설명서다. 우렁

차게 굴러가는 수레바퀴는 너무나 거대해서, 그것이 움직이면서 아래에 있는 풀포기 하나를 밟는 것쯤은 자연스럽게 여겨진다. 필요에 의해 만들어지고 많은 이의 호응에 의해 유지되는 것이 SNS 같지만, 어느새 단문과 이미지에 놀아나는 장님이 되어 있는 스스로를 발견하게 된다. 저자는 진실을 가리고 사용자의 사고를 왜곡, 고정시켜 결국 아무리 '좋아요'를 눌러도 불행에 좀더 다가서게 만드는 중독에서 벗어나기를 당부한다. 재런 러니어가 펼쳐놓는 열 가지 담론을 따라가다보면, 불가능하게만 느껴졌던 수레바퀴의 무게를 이겨내는 것이 생각보다 쉽게 느껴진다. 무언가를 거절하는 것은 받아들이기는 어려우나 행동은 간단하며 결과는 의외적이고 때로 찬란하다. **_김정욱** 신경외과 전문의, 『병원의 사생활』 저자

그렇다. SNS는 보통 사람을 꼴통으로 만든다. 애초 머릿속 한구석에 꼭꼭 숨겨뒀던 내면의 가장 추악한 모습이 SNS에서는 종종 그대로 모습을 드러낸다. 현실의 이웃이 이런 추악한 모습을 통제하는 사회적 압력으로 작용하는 데 반해, SNS에서 느슨한 관계로 엮여 있는 가상의 이웃은 '같은 편(무리)'이라는 이름으로 이런 추악한 모습을 오히려 부추긴다. 일단 세상에 드러난 추악한 모습을 정당화하려면 그것이 최선이라고 우겨야 한다. 이 과정에서 비슷한 괴물끼리 무리를 지어서 자기편이 아닌 상대편을 오히려 마녀라고 겨냥한다. 이렇게 증오를 증폭하는 과정에서 민주주의의 근간이라고 할 수 있는 과학적 검증이나 합리적 소통이 발을 디딜 틈이 없다. 섬뜩하다. 왜냐하면 이 과정이 꼭 100년 전 파시즘이 세상을 휩쓸었던 과정과 흡사하기 때문이다. 오늘날 민주주의와 그것을 가능케 하는 공론장의 지속 가능성을 고민하는 사람이라면 누구나 재런 러니어의 절박한 경고에 귀를 기울여야 한다. 정말로 지금 당장 SNS 계정을 삭제해야 한다. **_강양구** 지식큐레이터, 『수상한 질문, 위험한 생각들』 저자

고양이에 관하여

고양이에 관한 이야기부터 해보자.

온라인에는 고양이 사진과 동영상이 넘쳐난다. 고양이들은 요샛말로 가장 '핫한' 인터넷 밈meme, 본래 '모방 등에 의해 다음 세대로 전달되는 비유전적 문화 요소'를 뜻했다. 한편 '인터넷 밈'은 인터넷과 SNS에서 모방되고 전파되는 콘텐츠로, 귀여운 아기나 동물 영상, 드라마와 영화를 패러디한 영상 등 재미를 주기 위한 콘텐츠다이자 사랑스럽고 귀여운 동영상의 주인공들이다.

그런데 어째서 개가 아니라 고양이의 밈이 더 주목받을까?[1]

고대로 거슬러 올라가서 생각하면, 개들이 사람들과 살겠다고 먼저 청했던 것이 아니라 사람들이 개를 데려다 키웠다.[2] 그러면서 개는 인간에게 길들여져 순종하게 됐다. 개는 훈련시킬 수 있으며, 예측을 벗어난 행동은 잘 하지 않고, 인간을 위해 일한다. 그렇다고 개를 깎아내리려는 건 아니다.[3] 개의 충직함과 믿음직함은 훌륭한 품성이다.

그런데 고양이는 조금 다르다. 고양이는 사람과 함께 살게 됐지만 사람에게 완전히 길이 들지는 않았다. 고양이는 예측하기가 힘들다. 그래서 개에 관한 인기 동영상들은 주로 똑똑하게 훈련받은 개를 자랑하는 내용인 데 반해서, 인기 있는 고양이 동영상은 기이하고 놀라운 행동을 하는 모습을 담은 것들이다.

고양이는 영특하지만, 길을 잘 들일 수 있는 동물을 키우고 싶다면 그리 좋은 선택이 못 된다. 사람들이 인터넷에서 고양이 서커스를 보고 감동하는 이유는 훈련받은 재주를 선보일지, 그냥 가만히 있을지, 아니면 관객들 사이를 배회할지의 선택권이 확실히 고양이에게 있기 때문이다.

고양이들은 불가능해 보이는 일을 이룩해냈다. 포기하거나 굴복하지 않고 최첨단 기술이 발달한 현시대에 적응한 것이다. 고양이들은 여전히 각자 삶의 주인으로서 주도적으로 살아간다. 기분 나쁜 익명 단체의 자본으로 알고리즘을 이용해 몰래 만든 밈이 당신의 고양이를 장악했을까봐 걱정할 필요는 없다. 주인인 당신을 포함해서 그 누구도 당신의 고양이를 장악했을 리 없으니 말이다.

아, 단순히 고양이들에게뿐 아니라 우리 자신에 관해 그렇게 확신할 수 있기를 우리는 얼마나 간절히 바라는가! 인터넷에서 우리 인간의 위치를 생각할 때 고양이의 모습은 우리가 바라는 희망이자 꿈이다.

우리는 개를 끔찍이 좋아하면서도 최소한 인간과의 권력관계 측면에서 개의 위치에 놓이는 것은 원치 않는다. 그래서 페이스북 같은 기업들이 우리를 개의 입장에 서게 만드는 건 아닐까 전전긍긍한다. 온라인에서 우리가 무의식적으로 터무니없는 행동을 했다면, 개들 귀에만 들리는 '개 호각dog whistle'에 반응했기 때문인지도 모른다. 특정 집단을 겨냥한 미묘한 정치적인 메시지에 자극받은 것일지 모른다는 말이다. 이끌렸다고도 할 수 있다. 초저주파를 이용하는 개 호각이 개들에게만 들리듯, 이런 미묘한 정치적 메시지는 특정 집단의 사람들에게만 들린다. 은밀하게 조종당하는 건 아닐까? 우리는 걱정한다.

이 책은 우리가 어떻게 하면 고양이와 같은 존재가 될 수 있을지를 논한다. 역사상 최고의 부를 획득한 대기업들이 만든 알고리즘의 자극에 쉴 새 없이 노출되고 지속적으로 감시받는 세상에서 어떻게 해야 우리의 자주성을 지킬 수 있을까? 인터넷과 소셜미디어 대기업들은 사람들의 행동을 교묘히 조종하는 것 말고는 돈을 벌 뾰족한 수단이 없다. 이런 난관 속에서 어떻게 해야 고양이처럼 자유롭게 살 수 있을까?

책의 제목에 쓰인 '10가지 이유'라는 표현은 빈말이 아니다. 이 책은 소셜미디어를 비판적으로 분석하는 열 가지 논점을 제시한다. 여기서 설명하는 내용이 독자들에게 도움이 되기를 바라지만, 열 가지 주장을 모두 수긍하고도 소셜미디어 계정을 계속 가지고 있기로 결정할 사람들도 있을 것임을 잘 안다. 실은 그런 자유로운 의사결정이야말로 우리가 고양이 같은 입장에 서게 되었을 때 누릴 수 있는 특권이다.

열 가지 논점을 제시하면서 어떤 것이 당신에게 최선의 결정인지 각자의 상황을 점검해볼 수 있는 몇 가지 방법도 언급할 것이다. 무엇이 최선의 결정인지는 당신만이 알 수 있다.

당신은
자유의지를
잃어가고 있다

어디를 가든 따라다니는 우리cage

지금 이 세상에는 완전히 새로운 일이 일어나고 있다. 지난 5~10년을 거치는 사이에, 사람을 알고리즘에 따라 행동하게 하는 스마트폰이라는 작은 기기를 거의 모든 이가 거의 항상 휴대하고 다니게 됐다. 또 많은 이가 스마트 스피커라는 연동 기기를 부엌 조리대나 자동차 대시보드 위에 올려두고 쓴다. 우리는 쉴 새 없이 추적당하고, 평가받고, 누군가가 의도적으로 제공하는 피드백을 받는다. 그러면서 얼굴 없는 기술자들이 알 수 없는 의도로 거는 최면에 서서히 빠져든다. 우리 모두가 실험실 동물이 됐다.

알고리즘은 우리에 관한 데이터를 매분 매초 기록한다. 가령 우리가 어떤 링크를 클릭하는지, 어떤 동영상을 끝까지 시청하는지, 한 사이트에서 다음 사이트로 얼마나 빨리 이동하는지, 그리고 그럴 때 어느 지역 어떤 장소에 있는지, 직접 만나거나 온라인으로 관계를 맺는 사람들은 누구인지, 어떤 얼굴 표정을 짓는지, 각기 다른 상황에서 얼굴빛이 어떻게 달라지는지, 무언가를 구매하기로 결정하거나 구매하지 않기로 결정하기 직전에 무엇을 하고 있었는지, 투표를 하는지 안 하는지 등을 모두 파악한다.

대규모의 감시활동을 통해 수집한 이 내용은 다른 사람의 삶을 추적해 수집한 데이터들과 비교된다. 알고리즘은 우리가 하는 행동을 다른 사람이 했던 모든 행동과 연관 지어 분석한다.

이런 알고리즘이 우리 개개인을 온전히 이해하는 건 아니지만, 모집단의 규모가 크면 클수록 숫자는 강력한 힘을 갖는다. 예를 들어 당신이 어떤 음식을 좋아하는데, 그 음식을 좋아하는 사람들 대부분이 선거 후보자 사진의 테두리가 핑크색일 때보다 파란색일 때 그 후보를 선호하는 경향이 있다고 하자. 그렇다면 당신 역시 마찬가지일 확률이 높다. 그러나 그 이유를 따져 밝힐 수는 없다. 통계는 신뢰성이 있지만 한편으로는 아주 멍청하다.

가령 알고리즘은 당신이 슬프고, 외롭고, 무서운지, 아니면 행복하고 자신감이 넘치는지, 생리 기간이라 예민해져 있는지, 수업에 대한 부담이 최고조에 올라 있는지 등의 상황을 파악한다.

그러고 나면 소위 광고업자라는 이들은 당신이 한창 그 상태에 빠져 있는 순간을 포착해서, 비슷한 특성과 경험을 공유했던 다른 사람들에게 효과가 있었던 메시지를 노출해 당신에게 영향을 끼친다.

내가 '소위'라고 표현하는 이유는, 광고업계 사람들이 행하는 명백한 조작은 광고라는 이름으로 불릴 자격이 없기 때문이다. 예전에는 광고업자들이 광고를 할 기회가 제한되어 있었다. 교활한 광고는 사람들의 신경을 거스르기도 했지만 잠시 스쳐 지나가는 일에 불과했다. 게다가 광고가 특별히 개인별로 맞춤화되어 있지 않았기 때문에 많은 사람이 똑같은 내용의 TV 광고나 인쇄 광고를 봤다. 가장 큰 차이점은, 예전 광고는 요즘 광고처럼 사람들을 줄곧 감시하고 평가해서 개인별로 최적화된 자극(특정 콘텐츠나 광고)을 강력하게 제시하거나 그 사람을 변화시키려 하지는 않았다는 사실이다.

요즘에는 스마트폰을 사용하는 모든 사람이 소셜미디어를 통해 각 개인의 조건과 상황에 맞게 조절되는 자극에 쉴 없이 노출된다. 한때 광고라고 불렸을지 모르는 것들은 이제 어마어마한 규모로 행해지는 지속적인 행동수정이라고 받아들여야 할 정도가 됐다.

모욕을 주려는 것은 아니지만 나는 지금 우리가 잘 길들여진 개, 더 심하게는 실험실 쥐나 로봇이 되어가는 건지도 모른다고 이야기하는 것이다. 인터넷을 주름잡는 대기업과 그 고객들이 손에 리모컨을 쥐고 우리를 조종하고 있다고 말이다. 하지만 내가 틀리지 않았다면 이런 상황을 인식하는 것이야말로 우리가 이런 속박에서 벗어날 수 있는 수단이다. 그러니 혹시 기분이 언짢더라도 잠시 내 설명에 귀를 기울여줬으면 한다.

컴퓨터가 나오기 전에, 행동주의behaviorism라는 과학 사조가 유행한 적이 있다. 행동주의 심리학자들은 동물과 인간을 훈련시킬 새롭고 체계적이며, 딱딱하면서도 모범적인 접근법을 연구했다.

널리 알려진 행동주의자로 B. F. 스키너가 있다. 그는 스키너 상자Skinner box라고 불리는 실험 장치를 만든 사람으로 유명하다. 스키너 상자에 들어간 동물들은 특정한 행동을 할 경우 보상을 받았다. 그 실험 상자 안에서는 동물을 쓰다듬어주거나 조용히 말을 걸어주는 사람도 없이 오로지 기계적인 행동만이 오가는, 새로운 유형의 현대식 훈련이 시행됐다. 꽤나 으스스한 분위기를 풍기던 행동주의 학자들은 그런 연구 방식을 인간에게도 적용했다. 행동주의 전략은 실제로도 종종 효과를 내 모든 사람을 질겁시켰으며, 나중에는 '타인의 정신을 지배하는' 줄거리의 으스스한 SF 영화와 괴기 영화들이 쏟아져 나오는 계기가 되기도 했다.

그런데 애석하게도 이런 행동주의 기법은 사람을 길들이는 데도 사용될 수 있으며, 그 과정에서 당사자들이 전혀 눈치를 채지 못할 수도 있다. 이런 기법을 인간에게 적용하는 실험은 아주 최근까지만 해도 대학 심리학과 건물 지하 실험실에서 가끔 진행됐다. 실험 참가자들은 한쪽 방향에서만 안이 들여다보이는 편면 유리창이 달린 실험실에서 감시를 당하며 실험을 받게 되는데, 실험이 진행 중이라는 사실은 알지만 자신이 어떻게 조종되고 있는지는 알지 못한다. 다만 어떤 방식으로든 조종을 받게 될 것을 알고 동의한 상태에서 실험에 참여하기는 한다. (그런데 실은 그렇지 못한 경우도 있다. 죄수와 빈민들, 그리고 특히 특정 인종의 사람들은 자신의 의사와 관계없이 온갖 잔혹한 실험의 대상이 되기도 한다.)

감시가 만연하고, 알아차리기 힘든 지속적인 조작이 갑자기 아무렇지도 않은 일이 되어버린 가운데, 이 책에서는 그런 감시와 조작이 비윤리적이고, 야비하고, 위험하고, 비인간적인 방식으로 우리 삶에 영향을 끼치는 열 가지 측면을 낱낱이 지목할 것이다. 정말로 그렇게 위험할까? 물론이다. 그 힘을 어떤 세력이 어떤 목적에서 이용할지 누가 알겠는가?

알고 보니 미친 과학자들도
우리에 갇힌 개들에게 신경을 쓰고 있었다

여러분들은 소셜미디어 대기업 창립자들의 침통한 고해를 들어본 적이 있을지도 모른다. 나는 이 기업들을 '행동수정 제국'

이라고 부른다.

페이스북의 초대 대표인 숀 파커는 이렇게 말했다.

그러려면 사용자들의 관심과 시간을 최대한 많이 빼앗으려면 다른 누군가가 온라인 사진이나 포스트 같은 것들에 좋아요를 누르거나 댓글을 남겨주는 방식으로, 가끔씩 약간의 도파민을 공급할 필요가 있다…… 이런 과정은 사회적으로 확인받는 피드백 루프이며…… 바로 나 같은 해커가 생각해낼 수 있는, 인간 심리의 취약성을 이용하는 방식이다…… 나와 마크 저커버그, 인스타그램의 케빈 시스트롬처럼 이런 시스템을 만든 사람들은 이 사실을 자각하고 있었지만, 그래도 어쨌든 만들어냈다…… 소셜미디어는 사회와의 관계나 사람들 간의 관계를 그야말로 완전히 바꿔놓는다…… 그리고 아마도 기이한 방식으로 생산성에 지장을 초래할 것이다. 이것이 우리 아이들의 뇌에 어떤 작용을 하는지는 신이 아니고서는 모를 일이다.[1]

또 페이스북에서 사용자 확산 담당 부사장을 지낸 차마스 팔리하피티야는 이렇게 말했다.

단기적인 측면에서, 우리가 만든 도파민 자극 피드백 루프는 사회가 작동하는 방식을 파괴하고 있다…… 사회적 담론이나 협력이 사라지고, 잘못된 정보와 잘못된 사실이 횡행한다. 이것은 미국만의 문제도, 가짜 페이스북 계정으로 물의를 일으킨 러시아 광고의 문제만도 아니다. 이것은 전 세계적인 문제다…… 나는 엄청난 죄책감을 느낀다. 내 생각에는 우리 모두가 마음 한켠으로 이 사실을 알고 있으면서도 마치 이 세상에는 의도치 않은 나쁜 결과가 전혀 존재하지 않는 듯 가장하는 것 같다. 모두 뭔가 안 좋은 일이 일어날 수 있다는 것을 마음 깊은 곳에서 느낄 것이다…… 그래서 나는 지금 우리가 아주 안 좋은 상황에 처해 있다고 본다. 이런 상황은 인간 행동 방식의 핵심 토대를 무너뜨리고 있다. 그렇지만 나한테는 뾰족한 해결책이 없다. 내가 생각해낸 해법은 그저 이 도구들을 더 이상 사용하지 않는 것뿐이다. 나는 벌써 수년 전부터 사용을 중단해왔다.[2]

잘못은 늦게라도 고치는 편이 낫다. 나처럼 비판적인 의견을 가진 많은 사람이 안 좋은 일이 일어나고 있다고 한참 전부터 경고해왔지만, 직접 만들었던 사람들의 입을 통해 이런 말을 듣게 된 건 한 단계 나아간 진보로 봐야 한다.

동료들 눈에 나는 우리가 하는 일을 비판하는 반역자로 비쳤기 때문에, 실리콘밸리의 친구들이 던지는 상당히 뼈아픈 비난을 오랜 세월 감수해야만 했다. 그런데 최근에는 그 반대의 문제를 안게 됐다. 내가 실리콘밸리 사람들은 대체로 괜찮은 면이 있고 악당이 아니라고 주장했더니 상당히 뜨거운 눈총을 받게 되었다. 내가 업계 사람들에게 너무 모질었던 건지 아니면 너무 물렁했던 건지는 알 수 없다.

지금 그보다 더 중요한 질문은, 이런 비판이 앞으로 중요한 문제로 받아들여질 것인가 여부다. 악한 기술이 인간에게 해를 끼치는 것은 의심의 여지 없이 잘 알려진 사실이지만, 그 기술의 유혹을 물리치고 세상을 더 나은 곳으로 만들어나가는 데 우리가 동참할 수 있을까? 당신은 그럴 수 있겠는가?

페이스북, 구글, 트위터 같은 기업들은 비록 단편적이기는 해도 자신들이 만든 큰 문제를 고쳐보려고 드디어 애를 쓰고 있다. 이들이 그런 움직임에 나선 것은 외부의 압박 때문일까, 아니면 옳은 일을 해야 한다고 느꼈기 때문일까? 아마 양쪽 모두가 조금씩 작용했으리라고 본다.

이 기업들은 정책의 방향을 바꿔서, 전문가와 데이터과학자들을 고용해 현 상황을 모니터하고 최악의 실패를 피하기 위한 알고리즘을 만들고 있다. 한때 페이스북의 모토는 '빨리 움직여서 부수자move fast and break things'[3] 마크 저커버그는 "지금 무언가를 부수고 있는 게 아니라면, 필요한 속도만큼 충분히 빨리 움직이고 있지 않은 것이다"라고 말했다였지만, 이제는 더 나은 모토를 가지고 산산이 부서진 세상의 조각을 집어들고 맞춰보려 하고 있다.

이 책은 그 기업들이 자기들만의 힘으로 부서진 세상을 다시 맞추는 건 힘에 부치는 일이라고 주장할 것이다.

실리콘밸리 사람들이 유감을 표명했으니 그들이 알아서 문제를 해결할 때까지 그저 기다리면 되겠다고 생각할지도 모르지만, 현실은 그렇지 못하다. 우리가 해결책의 일부가 되지 못하면, 해결책은 없다.

첫 번째 논점에서는 높은 중독성으로 사람들을 조종하는 네트워크 서비스의 설계 뒤에 감춰진 핵심적인 개념 몇 가지를 살펴볼 것이다. 앞에서도 말했지만 문제를 인지하는 것은 자유로 나아가는 첫걸음이다.

당근과 채찍

위의 인용문에서 숀 파커는 페이스북이 의도적으로 사람들을 중독에 빠뜨렸다고 말했고, 차마스 팔리하피티야는 페이스북이 관계와 사회에 끼치는 부정적인 효과를 언급했다. '내 탓이오'를 자청한 이 두 사람의 의견에는 어떤 연관성이 있을까?

소셜미디어가 돈을 버는 수단이자 사회에 해를 끼치는 핵심 과정은 바로 행동수정이다. 행동수정은 동물과 인간의 행동 양식을 바꾸기 위한 조직적인 기법이다. 이 기법은 중독 치료법으로 쓰일 수 있지만, 반대로 중독을 일으키는 데 활용될 수도 있다.

중독이 사회에 해가 되는 건 사람들이 이성을 잃게 만들기 때문이다. 중독자들은 타인과 외부 세계와의 접촉으로부터 점차 단절된다. 대중을 교묘히 조종하는 책략에 많은 이가 중독

될수록 더 어둡고 혼란스러운 세상이 될 수밖에 없다.

　중독은 아직은 인간이 완벽하게 이해하지 못하는 신경학적 과정이다. 신경전달물질인 도파민은 쾌락의 감정을 자극하며, 보상에 따라 행동을 수정하는 메커니즘의 핵심으로 여겨진다. 그렇기 때문에 파커가 이 문제를 제기했던 것이다.

　행동수정 중에서도 특히 스마트폰 같은 기기를 활용한 현대적인 방식의 행동수정은 통계적으로만 그 효과를 확인할 수 있어서, 가상이 아니라 진짜로 존재하는 현상이지만 기작을 이해할 수는 없다. 집단적으로는 그 효과를 대략 예측할 수 있지만 개별 구성원 수준에서는 알기가 힘들다. 그렇게 보면 우리는 행동주의 학자들의 실험실 동물과 어느 정도 비슷한 처지에 있다. 하지만 명확하지 않고 근사적으로만 추정되는 효과라고 해서 현실이 아닌 것은 아니다.

　본래 행동주의 실험에서 가장 흔히 사용됐던 보상은 먹이다. 이런 관행은 이미 고대부터 있었다. 개가 배운 기술을 제대로 해내면 먹을 것을 입에 쏙 넣어주는 것처럼 동물을 훈련시키는 사람들은 모두 먹이를 이용한다. 어린아이를 둔 많은 부모 역시 먹을 것을 이용한다.

　행동주의 사조 초기의 심리학자인 이반 파블로프는 진짜 먹이를 이용하지 않아도 같은 효과를 낼 수 있음을 그의 유명한 실험으로 증명했다. 그는 개에게 먹이를 줄 때마다 종을 울렸고, 나중에는 개가 종소리만 듣고도 침을 흘렸다.

진짜 보상 대신에 상징을 활용하는 방법은 행동수정에 꼭 필요한 도구가 됐다. 이를테면 캔디크러시Candy Crush 같은 스마트폰 게임은 진짜 사탕이 아니라 반짝이는 이미지로 사람들을 푹 빠져들게 만든다. 중독성 있는 비디오 게임은 동전이나 보물들의 반짝거리는 이미지를 사용하기도 한다.

숀 파커가 "약간의 도파민"이라고 표현했던 것에 해당되는 중독적 쾌락이나 뇌의 보상 체계도 소셜미디어 중독의 부분적인 원인이 되지만, 그게 전부는 아니다. 소셜미디어는 처벌과 부정적인 강화도 활용하기 때문이다.

행동주의 실험에서는 다양한 종류의 처벌이 활용되어왔는데, 그중 전기 충격이 널리 이용되었다. 그런데 처벌도 보상과 마찬가지로 반드시 실재이거나 물리적일 필요는 없다. 실험에 따라서는 피험 대상에게 점수나 기념품 같은 것들을 아예 안 주는 방법을 쓰기도 한다.

소셜미디어를 이용할 때는 먹이와 전기 충격, 즉 보상과 처벌 두 가지 모두를 동등하게 경험하게 된다.

소셜미디어를 이용하는 사람들 대부분은 캣피싱catfishing, 소셜미디어에서 신분이나 정체성을 거짓으로 꾸며서 남을 기만하는 행위[4], 몰상식한 거절, 비하하고 무시하는 행위, 노골적인 사디즘, 혹은 이 모두를 합한 것보다 더한 것을 겪어본 적이 있다. 당근과 채찍이 함께 쓰이듯, 교묘하고 은밀한 행동수정이나 중독을 불러일으키는 데는 불쾌한 피드백이 기분 좋은 피드백만큼이나 중요하게 작용한다.

미스터리의 유혹

파커가 "가끔씩"이라고 말했을 때, 그는 아마도 행동주의자들이 동물과 사람을 모두 연구하면서 발견했던 어떤 현상을 염두에 두었던 듯하다. 누군가가 어떤 특정한 행동을 할 때마다 일정한 보상(그것이 긍정적인 사회적 관심이 됐든 사탕이 됐든 간에)을 받는다면 그 사람은 그 행동을 더 많이 하게 될 것이다. 소셜미디어에 어떤 포스트를 올리고서 칭찬이나 기분 좋은 소리를 들으면 비슷한 종류의 포스트를 더 많이 올리는 습관이 생긴다.

그렇다고 뭐가 해롭겠나 싶지만, 그런 습관은 개인과 사회 모두에게 문제가 되는 중독증의 첫 단계가 될 수도 있다. 실리콘밸리에서는 '참여'라는 건전한 느낌의 용어로 미화하지만, 그들역시 이것을 크게 두려워해서 자식들이 그런 활동에 발을 들이지 못하게 한다. 실제로 내가 아는 실리콘밸리 아이들 상당수가 발도르프 학교를 다니는데, 발도르프 학교에서는 일반적으로 전자기기의 사용을 금한다.

놀라운 이야기로 돌아가서, 중요하게 짚고 넘어가야 할 점이있다. 바로 사람들의 행동에 주요한 영향을 미치는 건 그런 긍정적이거나 부정적인 피드백이 아니라 임의적이고 예측 불가능한 피드백의 작용이라는 사실이다.

어린아이가 남에게 뭔가를 부탁할 때 '죄송하지만$_{please}$'이라는 말을 붙여서 정중하게 표현할 때마다 사탕을 받는다면 아이는 그 표현을 더 자주 쓰게 될 것이다. 그런데 '죄송하지만'이라고 말했는데도 사탕을 받지 못하는 일이 한번씩 생긴다면, 그때부터는 그 표현을 덜 써야겠다는 생각이 들지도 모른다. 예전처럼 보상이 확실하게 오는 것도 아니니 말이다.

그런데 때로는 정반대의 일도 일어난다. 패턴을 찾아내는 데 선수인 뇌가 도전의 기회를 도저히 그냥 지나치지 못하겠다는 듯, '무슨 이유가 있을 거야'라고 머릿속에서 중얼거린다. 그저 무작위적인 결과에 지나지 않는데도 불구하고 더 깊은 차원에 어떤 패턴이 존재할 것이라는 희망을 품고, '죄송하지만'이라는 말을 계속해서 쓰게 되는 것이다.

과학자라면 합리적으로 보이지 않는 어떤 무작위적인 패턴을 발견하고 그 원리가 무엇일까 궁금해하며 깊이 빠져드는 것이 당연하다. 뭔가 더 깊은 내용이 밝혀질 신호일지도 모른다. 또 원고를 쓰는 작가에게도 임의적인 패턴은 유용한 도구가 된다. 약간의 모순으로 줄거리나 인물 묘사에 흥미를 더할 수 있다.

하지만 그 밖의 많은 상황에서는 무작위적인 피드백이 끔찍한 결과의 원인이 된다. 예상을 벗어난 피드백은 사람들의 주의를 사로잡는데, 그런 피드백에 온통 마음을 빼앗긴 많은 사람은 정당하게 대우받지 못하는 종속적인 '상호의존' 관계로 이끌려가게 된다.

소셜미디어에 약간의 무작위성을 가미하는 건 누워서 떡 먹기다. 알고리즘은 완벽한 것이 아니어서 본질적으로 무작위적인 특성이 있기 때문이다. 그런데 소셜미디어에 제공되는 데이터는 거기서 한발 더 나아가 의도적으로 더 큰 무작위성이 포함되도록 설계된다. 그 모티브는 인간 심리학이 아니라 기초적인 수학에서 왔다.

소셜미디어 알고리즘에는 일반적으로 '적응성'이 있어서 더 나은 결과를 얻기 위해 끊임없이 수정된다. 여기서 '더 나은' 결과란 사람들이 더 많이 참여해 수익성이 더 높아진 결과를 말한다. 이런 유형의 알고리즘에 약간의 무작위성은 늘 존재한다.

고양이가 나오는 재미있고 유쾌한 동영상을 시청한 직후 5초가 지난 뒤에 양말이나 스타킹을 판매하는 쇼핑몰 광고를 내보내는 알고리즘이 있다고 가정하자. 이 적응형 알고리즘adaptive algorithm은 시간 간격에 변화를 줄 경우, 가령 5초를 4.5초로 바꾸면 어떤 변화가 나타나는지를 알아보기 위해 간헐적으로 자동 테스트를 시행한다. 테스트 결과 그 물건을 구매하는 빈도가 높아졌다면 그 이후부터는 광고를 노출시키는 방식을 그에 맞게 조절한다. 뿐만 아니라 해당 사용자와 연관성 있는 다른 사용자들(색채 선호도에서 운전 습관에 이르기까지 다양한 특성을 공유하는 사람들) 수천 명에게도 똑같이 반영한다.[5]

적응형 알고리즘은 때로는 더 이상 수정되지 않을 수도 있다. 계속해서 조금씩 수정해봤는데도 결과에 개선이 없으면 반영하지 않기 때문이다. 예를 들어 시간 간격을 4.5초로 바꿨더니 광고를 보고 양말을 구매할 확률이 줄어들었고 5.5초로 수정했더니 더 저조한 결과가 나타났다면, 타이밍을 예전처럼 동영상 시청이 끝난 후 5초 뒤로 유지할 것이다. 주어진 증거를 토대로 판단하면 5초 뒤가 최선의 타이밍이다. 이처럼 임의의 사소한 수정이 더 이상 득이 되지 않을 때, 알고리즘은 보정을 중단한다. 그러나 적응형 알고리즘은 상황에 따른 보정을 멈추어서는 안 되도록 설계되어 있다.

이때 조절 폭을 넓힐 경우 결과가 개선될 가능성이 있다면 어떨까? 가령 시간 간격을 2초나 2.5초로 바꾸었을 때 더 좋은 성과가 나타난다면 말이다. 하지만 사소한 수정을 통해서는 그런 사실을 밝힐 수 없다. 그 알고리즘이 5초 설정에 머물러 있기 때문이다. 적응형 알고리즘에서 종종 무작위성의 범위 폭을 더 넓게 설정하는 전략을 함께 도입하는 이유가 바로 거기에 있다. 가끔씩은 알고리즘이 '그저 괜찮은 수준'의 설정에서 벗어나야 더 큰 폭으로 개선된 설정값을 찾을 수 있다.[6]

그래서 일반적으로 적응형 시스템에는 더 넓은 범위까지 도약하는 메커니즘이 포함된다. 자연의 진화에서 유익한 돌연변이가 나타나는 과정도 비슷한 원리다. 돌연변이는 어떤 개체가 다음 세대에 자신의 유전자들을 대물림할 때 통상적인 수준보다 변화 폭이 훨씬 큰 유전자가 선택된 경우에 주로 나타난다. 돌연변이는 기존의 조건에 새로운 가능성을 더하는 와일드카드예측 불가능한 요인다. 각 생물종種은 이따금 돌연변이 현상을 통해 기묘하고 새롭고 발전적인 특성을 획득한다.

신경과학자들은 이와 비슷한 과정이 인간의 뇌에서도 나타나는가라는 의문을 자연스럽게 갖게 됐다. 인간의 뇌에도 물론 상황에 맞게 조절하는 적응 과정이 있다. 자연은 본질적으로 판에 박힌 것을 아주 싫어하기 때문에, 인간의 뇌 역시 새롭고 놀라운 것을 추구하도록 진화해왔을 수도 있다.

그런데 알고리즘이 누군가에게 경험을 제공할 때, 그 알고리즘이 상황에 따라 조절되도록 도움을 주었던 무작위성이 중독을 불러일으킬 수도 있다. 뇌가 더 깊은 의미를 찾아보려고 알고리즘이 제공한 경험에 맞추어 스스로를 조금씩 변화시켜나가는 동안, 알고리즘은 뇌를 마음대로 조종하는 데 가장 효과가 큰 매개변수를 찾아 나선다. 이는 수학적인 계산에서 출발한 쫓고 쫓기는 끝없는 추격전이다. 알고리즘이 유발한 자극은 아무런 의미도 없거니와 순전히 무작위적이기 때문에, 뇌는 진짜가 아닌 허구의 경험에 맞추려고 애쓰는 셈이다. 규명하기 어려운 신기루에 푹 빠지는 그 과정이야말로 다름 아닌 중독이다. 알고리즘이 고정된 상태에서 벗어나려 하는 동안 인간의 정신은 한 가지에 빠져든다.

온라인에서 수학과 인간의 뇌가 교차하는 이 지점을 악용하는 데 앞장섰던 사람들은 소셜미디어 기업들이 아니라 비디오 포커 같은 디지털 도박 기계와 온라인 도박 사이트를 만든 이들이다. 도박계의 선구자들은 소셜미디어 기업이 자신들의 아이디어를 훔쳐서 더 큰 돈을 벌었다고 불평하기도 하지만, 대부분은 소셜미디어 덕분에 가장 쉬운 공격 표적을 찾아내기가 대단히 수월해졌다고 말한다.[7]

천국과 지옥은 타인에게 있다[8]

소셜네트워크는 또 다른 차원의 자극인 '사회적 압력'도 불러일으킨다.

인간은 사회적 지위, 평가, 경쟁에 지극히 민감하다. 사람은 대부분의 동물과는 달리 혼자 살아갈 수 없는 무력한 상태로 태어나고, 그런 상태를 여러 해 동안 유지한다. 우리는 가족 및 다른 사람들과 함께 지내야만 생존할 수 있다. 그렇기 때문에 인간의 뇌가 사회적인 측면에 관심을 갖는 것은 선택적인 특성이 아니라 본질적인 특성이다.

타인의 생각과 시선의 영향력은 밀그램 실험Milgram Experiment, 1961년 미국 예일대 심리학과 스탠리 밀그램 교수가 진행한 실험으로 평범한 인간이 권위에 복종해 얼마나 잔혹해질 수 있는지를 보여주었다, 스탠퍼드 감옥 실험Stanford Prison Experiment, 1971년 스탠퍼드대 심리학과 필립 짐바르도 교수가 피험자 24명에게 죄수와 교도관 역할을 맡기고 가짜 감옥에서 생활하게 했다. 피험자들이 실험에 지나치게 몰입해서 통제 불가능한 상황에 이르러 6일 만에 중단됐다 같은 유명한 심리학 실험에서 피험자들의 행동을 큰 폭으로 수정할 정도로 강력하다는 것이 증명됐다. 이 실험들에서 사회적인 압력 외에는 다른 작용 요인이 없었는데, 범죄를 저지른 적이 없는 평범한 사람들이 남을 고문하는 등의 끔찍한 행동을 강요받고서 그대로 따랐다.

소셜네트워크에서는 사회적인 감정을 교묘히 이용하는 것이 가장 활용하기 쉬운 보상과 처벌 체계다. 알고리즘이 원하는 것을 해준 사람에게 드론이 날아와서 진짜 사탕을 떨어뜨려주는 날이 언젠가 올 수도 있지만, 지금으로서는 마음속에 생기는 느낌(주로 다른 사람들의 생각에 대한 느낌)을 이용하는 것이 유일한 방법이다.

예를 들면 두려움 같은 감정을 이용하는 것이다. 남들이 자신을 매력 없고, 볼품없고, 보잘것없는 사람으로 생각할까봐 두려워지면 마음이 불편해진다. 두려움은 엄청나게 강력한 감정이며 고통스럽다.[9]

사람들은 누구든 이따금 사회적 불안을 겪는다. 아이들 사이에서는 사회적 불안을 괴롭힘의 수단으로 활용해서 또래를 괴롭히는 왕따도 많다. 아마도 괴롭히는 무리에 소속되면 괴롭힘의 표적이 될 확률이 현저히 줄어들기 때문일 것이다. 평소에 행실이 괜찮은 사람들이 남을 괴롭히는 집단적 움직임에 곧잘

합류하는 것도 그런 이유에서다. 사회적 불안에 따른 실질적인 고통을 두려워한 나머지 본인의 선량한 품성을 잠시 잃어버리는 것이다.

그렇다고 모든 사회적인 감정이 부정적이라고 말하려는 건 아니다. 사람들은 타인과의 상호작용을 통해 동료애, 연민, 존경, 존중, 감사, 희망, 공감, 친밀함, 애정을 비롯한 수많은 긍정적인 감정도 경험한다. 물론 두려움, 적대감, 불안, 분노, 혐오, 질투, 조롱하고 싶은 욕구와 같은 부정적인 감정도 느낀다.

사회적으로 촉발된 감정이 처벌과 보상의 수단으로 쓰일 수 있다면, 그런 처벌과 보상은 사람들을 변화시키는 데 더 효과적인 방법이 될 수 있을까? 학자들이 오래전부터 이 질문을 탐구해왔는데, 연구 결과는 어떤 상황에서 얼마나 큰 집단을 대상으로 하느냐에 따라 조금씩 달라지는 듯하다. 가령 어떤 연구는 어린아이들이 처벌보다는 보상에 더 잘 반응하지만, 12세 이상이 되면 그와 반대의 결과가 나타날 수도 있다고 밝혔다.[10] 대학생들을 대상으로 했던 어떤 연구는 피험자들을 교묘히 조종하는 데에는 처벌이 보상보다 효과적이었다고 분석했다.[11] 그런가 하면 성인 근로자들의 동기를 자극하는 데에는 지지와 긍정이 더욱 효과적이었다는 연구 결과도 있다.[12] 어떤 유형의 피드백이 더 효과적인가는 주어진 과업의 본질적인 성격에 따라 달라지거나,[13] 과업을 어떤 식으로 제시하는가에 따라 달라지는 것인지도 모른다.[14]

학계의 연구는 긍정적인 피드백과 부정적인 피드백을 비교하는 데 주로 치중하지만, 그런 관점은 영리를 목적으로 하는 소셜미디어 플랫폼을 설계할 때 고려하는 핵심 사안이 아니다. 상업적인 소셜미디어 플랫폼은 비용을 줄이고 성과를 높여서 이윤을 극대화하는 데 주로 관심을 갖는다. 긍정적인 피드백이 가장 효과적이라는 사실이 일부 연구에서 이론적으로 밝혀진 사례가 있었든 아니든 상관없이, 부정적인 피드백이 돈이 덜 드는 방법임이 밝혀지자 기업들은 값싸게 이용할 수 있는 부정적인 피드백을 선호하게 되었으며, 그에 따라 소셜미디어에서 부정적인 피드백이 더 자주 모습을 드러내게 됐다.

두려움이나 분노 같은 부정적인 감정은 긍정적인 감정보다 더 쉽게 생기고 더 오래 머무른다. 신뢰를 쌓으려면 시간이 많이 필요하지만, 신뢰를 잃는 건 금방이다. 투쟁-도피 반응fight-or-flight response, 긴박한 위협 앞에서 자동적으로 나타나는 생리적 각성 상태은 순식간에 나타나지만 안정을 되찾으려면 몇 시간씩 걸리기도 한다.

이런 원리는 실제 삶에서 그대로 적용되며, 무미건조한 알고리즘의 세계에서는 더더욱 강력하게 적용된다.

어떤 사악한 천재가 소셜미디어 기업의 작은 사무실에 들어앉아서 이렇게 저렇게 계산기를 두드려본 뒤, 사람들을 기분 나쁘게 만드는 알고리즘을 만들어서 소셜미디어 이용자 수와 사용 빈도를 늘리겠다고 결정하는 건 아니다. 최소한 나는 그런 사람을 본 적이 없고, 그런 사람이 있다는 이야기를 들은 적도 없다.

이용자들의 참여를 늘리려는 소셜미디어 기업들의 주된 목
표가 점점 위력을 키우는 가운데, 우리는 부정적인 감정이 긍
정적인 감정보다 증폭되고 있다는 사실을 전혀 알아차리지 못
하고 있다. 참여와 간섭의 확대는 그저 기업들 자신의 발전을
위해서 필요했던 것이지만, 그런 상황이 결국 전 세계에 '쉬운'
감정(즉 부정적인 감정)을 비정상적으로 증폭시키는 결과를 낳
았다.

광고주 vs 조종자

좀더 넓은 관점에서 인류가 번영하려면 기존 체제에 무조건 순
응하는 것만으로는 불충분하다는 사실을 고려할 때, 행동주의
적 관점으로 사회를 바라보는 것은 부적절한 방식이다. 우리가
판에 박힌 훈련을 거듭하기보다 높은 가치와 창의적인 결실을
추구하기를 정말로 바란다면, 보상과 처벌은 절대 적합한 도구
가 되지 못한다.

많은 학자가 이 문제에 관심을 기울여왔다. 1950년대의 에이
브러햄 매슬로, 이후 미하이 칙센트미하이를 비롯한 심리학자
들, 그리고 다니엘 핑크 같은 작가들이 이 주제를 파고들었다.
창의성을 키우려면 행동주의의 단순한 메커니즘을 적용할 것

이 아니라 좀더 창의적인 관점에서 접근해야 한다. 기쁨, 지적인 도전, 개성, 호기심, 그리고 기존의 분류법으로 규정하기 어려운 다른 많은 특성을 키워나가야 한다.

그런데 디지털 기술의 엄격함, 그중에서도 특히 2진수인 '비트bit'의 단속斷續적인 특성은 행동주의적 사고를 불러일으키는 경향이 있다. 보상과 처벌은 2진수의 1과 0과 비슷한 속성이기 때문이다. 그러고 보면 스키너가 초창기 디지털 네트워크 형성에 기여한 주요 인물 중 한 사람이라는 점도 당연하게 느껴진다.[15] 스키너는 자신이 추구하는 유토피아(모든 사람이 마침내 인간답게 행동하는 세상)의 실현을 위한 이상적인 교육 방식으로 디지털 네트워크를 염두에 두었다. 실제로 그의 저서 중 『자유와 존엄을 넘어서Beyond Free and Dignity』라는 제목의 책도 있다. '넘어서beyond'라는 표현에 주목하라!

'참여'라는 용어는 우리가 만든 기계가 얼마나 멍청한가를 숨기기 위해 미화한 표현이다. 그러니 이제부터는 참여라는 말 대신 '중독' '행동수정'이라는 표현을 써야 마땅하다. 이처럼 보기 좋게 미화한 표현 중에 '광고주'라는 용어도 있다. 우리는 소셜미디어 기업의 고객들을 여전히 '광고주'라고 부른다. 물론 엄밀히 따지면 이 고객들 상당수가 실제로 광고주이기도 하다. 그들은 특정 브랜드의 비누 같은 것들을 소셜미디어 이용자들이 구매하게 만들려고 한다. 하지만 이들은 눈에 띄지 않게 민주주의의 기반을 약화시키는 소름 끼치게 고약한 존재들로도 볼 수 있다. 그래서 나는 개인적으로 이런 부류를 '조종자manipulator'라는 용어로 부르는 것이 더 적합하다고 생각한다.

비누를 만드는 생활용품 업체를 몰아세우려는 건 아니다. 사실 나는 프록터앤드갬블P&G 같은 기업에서 일하는 사람들을 개인적으로 많이 만나봤기 때문에, 그들이 꽤 괜찮은 사람들이란 사실을 공언할 수 있다. 다만 그들이 소셜미디어 기업에 신세를 지는 입장에서 벗어난다면 그들의 세계가 훨씬 행복해지리라는 점을 지적하려는 것이다.

인터넷 도입 초기에는 온라인 광고가 말 그대로 진짜 광고였다. 하지만 얼마 후 컴퓨터 기술의 발전이 재계의 터무니없이 비뚤어진 열의와 맞물리게 된다. 이에 관해서는 다음 장에서 더 자세히 논할 예정이다. 그러면서 광고업은 점차 '행동수정을 제공하는 왕국'이라고 불러야 마땅할 양상으로 바뀌기 시작했다. 그리고 이런 큰 변화는 볼썽사나운 새로운 유형의 고객(조종자)들을 끌어들였다.

애석하게도 조종자들은 예전처럼 쉽게 원하는 결과를 무엇이든 성취하지는 못한다. 소셜미디어 기업에 돈을 내고 전쟁을 종식하거나, 모든 사람을 착한 사람으로 만들게 도와달라고 부탁할 수는 없는 노릇이다. 소셜미디어는 한쪽에 치우쳐 있다. 그런데 그 방향은 좌편향이나 우편향이 아니라, 아래쪽을 향해 있다. 중독과 조종이라는 목적을 달성하기에는 부정적인 감정을 활용하는 편이 비교적 용이하기 때문에 고귀하지 못한 결과를 달성하기가 상대적으로 더 쉬워진다. 생물학과 수학의 이런 불길한 결합은 인간세계의 퇴보에 일조하고 있다. 정보전을 펼치는 단체들이 선거를 뒤흔들고, 혐오 단체들이 사람들을 끌어모으며, 허무주의자들이 사회 붕괴를 꾀할 때 작은 투자로 엄청난 효과를 얻을 수 있는 상황이 됐다.

광고에서 직접적인 행동수정으로의 예기치 못한 변화는 인간사의 부정적인 측면을 엄청나게 증폭시켰다. 부정적인 감정을 행동수정에 활용할 때의 강력한 영향력에 대해서는 앞으로 소셜미디어의 개인적, 정치적, 경제적, 사회적, 문화적 영향을 살펴보면서 여러 차례 확인하게 될 것이다.

중독이 네트워크 효과를 만나다

정보 기술의 감시와 조종을 허용하는 사람들이 그토록 많은 것은 그들이 중독되었기 때문이지만, 그 외에 다른 이유도 있다. 디지털 네트워크는 사람들에게 유용한 가치를 전달한다. 우리는 디지털 네트워크를 통해 엄청난 효율성과 편의성을 누린다. 디지털 네트워크를 만들기 위해 그토록 많은 사람이 각고의 노력을 쏟아부은 것도 바로 그것 때문이었다.

지금처럼 주머니에 넣고 다니는 작은 기기로 택시를 부르고, 음식을 주문하고, 친구와 만날 장소를 즉시 찾아볼 수 있게 된 상황에서 다시 과거로 돌아가기는 힘들다. 희귀병이 있는 사람이 자신과 똑같은 병을 앓고 있는 사람을 찾을 방법이 없어서 특이한 증상이나 문제를 이야기 나눌 상대가 마땅히 없던 시대가 어땠는지 떠올리기조차 힘들다. 이런 일들이 가능해졌다는 건 얼마나 큰 축복인가.

하지만 네트워크의 이런 이점은 사람들이 동일한 플랫폼을 사용할 때에만 나타난다. 우버에 가입한 운전자가 아무도 없다면, 당신이 택시를 이용하려고 우버 앱을 깔더라도 아무런 효용이 없을 것이다. 또 데이팅 앱을 쓰는 사람이 없으면, 마찬가지로 아무 효용이 없다.

그런데 일단 어떤 앱이 제대로 사용되기 시작하면 모두가 그 앱에 묶여 있게 되는 안타까운 결과가 발생한다. 그렇게 되면 어떤 한 가지 소셜네트워크에서 탈퇴하고 다른 소셜네트워크로 옮겨가기가 힘들다. 당신이 아는 모든 사람이 처음의 그 소셜네트워크를 사용하고 있기 때문이다. 사회의 모든 구성원이 각자의 모든 데이터를 백업하고 일시에 다른 앱으로 이동한 뒤에 동시에 메모리를 복구하기란 실질적으로 불가능한 일이다.

이와 같은 현상은 네트워크 효과network effect 또는 록인lock-in 새로운 서비스나 앱이 나와도 갈아타지 않고 기존의 서비스나 앱에 계속 머무르는 것이라고 한다. 디지털 네트워크에서는 이런 현상을 피하기가 힘들다.

처음에 인터넷의 덩치를 키우는 작업에 참여했던 사람들 대다수는[16] 이용자들을 하나로 묶어서 네트워크 효과나 록인 효과를 만드는 주체가 인터넷 그 자체가 되기를 바랐다. 그러나 당시에 자유주의 바람이 불면서 핵심적인 기능을 많이 누락하게 됐다. 인터넷 그 자체에는 이용자의 신원을 표현할 수단을 포함하지 않았다. 컴퓨터에 고유의 코드 번호가 있기는 해도, 컴퓨터를 이용하는 사람에 관한 정보는 표시되지 않는다. 그와 마찬가지로 인터넷 그 자체에는 영구적인 정보를 조금이라도 저장할 수 있는 공간이 전혀 마련되어 있지 않고, 비용을 지불하거나 수령할 수단, 혹은 자신과 공통점이 있는 사람들을 찾을 방법이 전혀 없다.

이런 기능을 비롯해 더 많은 기능이 필요하다는 사실을 모두들 잘 알고 있었다. 그런데 우리는 이 과업을 정부에 위임하는 것보다 기업가들이 알아서 공백을 메우도록 내버려두는 것이 더 현명한 방법이라고 판단했다. 당시 우리는 기본적인 디지털 기술 관련 수요가 증가했을 때 방금 예로 들었던 것 같은 네트워크 효과와 록인 효과로 인해서 새로운 유형의 거대 독점 기업이 탄생하게 되리라는 사실은 미처 고려하지 못했다. 바보처럼 글로벌 독점 기업을 위해 토대를 닦고, 열심히 일했던 셈이다. 그런데 더 정확히 말하자면 개인은 소셜미디어의 고객이 아니라 상품이기 때문에, 제대로 된 표현은 '독점monopoly'이 아니라 '수요독점monopsony'이 되겠다.[17] 인터넷 초창기의 자유 이상주의가 전 세계적으로 엄청난 데이터 수요독점을 낳은 것이다.

소셜미디어 계정을 없애야 할 가장 큰 이유 중 하나는 다른 소셜미디어로 옮겨갈 선택의 여지가 실질적으로 없다는 것이다. 선택 가능한 유일한 방법은 소셜미디어 사용을 완전히 중단하는 것뿐이다. 우리가 먼저 중단하지 않으면, 실리콘밸리가 스스로의 발전을 위해 나설 여지를 만들어주지 않는 셈이다.

중독과 자유의지는 정반대 관계다

중독은 서서히 당신을 자유의지가 없는 좀비로 만든다. 좀비에게는 자유의지가 없다. 다시 말하지만 여기서 논하는 결과는 절대적인 것이 아니라 통계적인 결과다. 즉 좀비같이 행동할 가능성이 지금과 같은 상황이 아니었을 때보다 더 높아진다는 뜻이다.

중독에서 완전히 자유로운 완벽한 사람이 있을 것이라는 근거 없는 희망에 매달려서는 안 된다. 그런 사람은 존재하지 않는다. 자기계발서를 아무리 많이 읽고 중독성 있는 서비스를 끊은 경험이 아무리 많더라도, 사람이 완벽해지거나 중독에서 완전히 자유로울 수는 없다.

완전한 자유의지 같은 건 이 세상에 없다. 뇌는 변화하는 환경에 적응하기 위해 끊임없이 수정을 거듭한다. 이것은 상당히 수고스러운 일이어서 뇌는 쉽게 지친다. 그래서 가끔 뇌는 잠시 휴식을 취하거나 멍해져서 자동 조종 상태로 구동되지만 그것은 눈에 잘 안 띄는 은밀한 조종자들에게 이끌리는 상황과는 분명히 차이가 있다.

우리는 서로의 행동을 늘 조금씩 변화시킨다. 그건 긍정적인 현상이다. 너무 무신경해서 남의 기분을 잘 헤아리지 않는 사람이라면 모를까, 우리 대부분은 상대방이 어떻게 반응하는지에 따라 스스로의 행동을 수정해나간다. 상호적인 행동수정이 아주 매끄럽게 일어나는 경우, 사랑하는 사람들 간에 나타나는 변화가 생기기도 한다.

자유의지를 우리가 사는 이 세상의 초자연적인 개입으로 봐야 할 필요는 없다. 어쩌면 자유의지는 사람들이 다른 사람들이나 세상에 맞추고 수정하는 과정에서 뛰어나게 창의적인 특성을 발휘하는 경우에만 발현되는 것일지 모른다.

그러므로 문제는 행동수정 그 자체가 아니다. 문제는 눈에 안 보이는 조종자와 무정한 알고리즘이 제공하는 서비스에서 벌어지는 가차 없고, 기계적이며, 궁극적으로 무의미한 행동수정이다.

최면도 치료법이 될 수 있지만, 그러려면 최면술사를 신뢰할 수 있어야 한다는 선결조건이 필요하다. 정체불명의 제3자를 위해 일하는 최면술사를 믿을 사람이 어디 있겠는가? 그런데 알고 보니 이 세상에는 그런 사람이 수십억 명이나 있다.

페이스북, 구글, 그 외 디지털 광고 산업이라고 불리는 업계에 매달 수십억 달러가 흘러드는 지금 상황을 한번 생각해보

라. 그 돈의 대부분은 우리의 행동을 바꾸려 하고 그것을 통해서 기대했던 성과를 거두고 있다고 믿는 기관들에서 나온다. 이런 행동수정의 상당 부분은 시청자들에게 자동차를 사거나 카페에 가고 싶다는 욕구를 불러일으키는 텔레비전 광고들과 비슷하다.

그런데 소셜미디어 기업들은 어떤 면에서는 우리 자신보다 우리 각자에 대해 더 많은 사실을 파악하고 있지만, 우리를 조종해서 이득을 얻어가는 광고주의 정체는 잘 모르는 경우도 꽤 있다. 실제로 일전에 러시아 정보기관이 미국 대통령 선거에 개입해서 사회 분열을 조장하려 했을 때 그에 연루된 글로벌 IT 기업의 변호사들은 광고주에 관한 정보를 가지고 있지 않다고 법정에서 증언했다.[18]

나는 지나치게 염려하는 피해망상적인 사고는 각자의 힘을 무력화하는 비생산적인 사고방식이라고 생각해왔다. 하지만 지금의 상황은 조금 다르다. 우리는 소셜미디어가 사회를 혼란스럽게 만드는 데 일조해왔다는 사실을 잘 안다.[19] 그리고 그렇게 하는 데 필요한 비용이 상당히 적다는 사실도 안다. 소셜미디어 관련 업계가 어마어마한 액수의 돈을 거둬들이지만 그들은 자신의 고객이 누군지 제대로 파악하고 있지 못할 때도 많다는 사실을 안다. 그러므로 겉으로 드러나지는 않았더라도 우리를(이 글을 읽는 바로 당신을) 조종하는 누군가가 있을 가능성이 크다.

구속에서 벗어나고, 더 진실한 삶을 살고, 덜 중독되고, 덜 조종되고, 피해망상을 덜 겪으려면…… 이 모든 훌륭한 목표를 이루려면, 소셜미디어 계정을 삭제해야 한다.

논점 2

소셜미디어
사용 중단은
이 시대의 광증을
물리친다

버머 장치

언뜻 보면 그렇게 안 보일지도 모르지만, 나는 낙관론자다. 나는 지금과 같은 디지털 세상을 완전히 버려야 한다고는 생각하지 않는다. 디지털 기술의 좋은 점이 얼마나 많은가!

'스마트폰이 이 세대를 파괴했는가?'류의 제목을 단 기사들이 쏟아져 나오지만,[1] 사실 문제는 스마트폰이 아니다. 인터넷이 세상을 망쳐놓는다는 비난도 걸핏하면 들리지만,[2] 문제는 인터넷도 아니다.

무언가가 분명 이 세상을 망쳐놓고 있다. 하지만 컴퓨터 기술로 먼 거리에 떨어져 있는 사람들을 서로 연결하는 것이나, 밝은 빛을 내는 조그마한 스크린을 사람들이 온종일 들여다보는 것이 그 원인은 아니다. 물론 우리가 어떤 행동을 지나치게 많이 하는 경우가 종종 있듯이 디지털 기기 화면을 들여다보는 시간이 종종 너무 길어지기도 하겠지만,[3] 그런 건 인류의 존속과 관련된 문제가 아니다.

그러나 첨단 기술에서 아주 적은 양으로도 치명적인 피해를 일으키는 요인이 특별히 한 가지 있기는 하다. 이 새로운 발전의 소산은 반드시 불식시켜야 할 문제다. 더 큰 혼란을 낳지 않도록, 그 문제를 가능한 한 정확하게 규정하는 것이 아주 중요하다.

부분적으로 이 문제는 대중의 행동수정을 유도하는 기기를 모든 사람이 가지고 다닌다는 사실에서 기인한다. 그러나 그 사실은 이 문제를 설명하기에 별로 적당한 틀이 못 된다. 따지고 보면 이 기기는 다른 목적에 쓰일 수도 있고, 실제로 많은 용도로 활용되고 있으니 말이다.

각자의 최악의 모습이 발현될 수 있는 온라인 환경에 인터넷 사용자들이 잔뜩 모여 있다는 사실만 문제가 되는 것도 아니다. 거대한 규모의 클라우드 컴퓨팅을 제어하는 몇 안 되는 사람의 손에 너무 큰 힘이 집중되어 있다는 사실 때문만도 아니다.

문제는 이 모든 요인과 교차하지만, 이 모두를 합쳐도 문제 그 자체는 아니다.

문제는 방금 설명한 모든 현상이, 타인의 행동을 수정하기 위해 돈을 낼 준비가 된 고객들을 찾는 비즈니스 모델에 이용될 때 벌어진다. 앞서 설명했듯이 과거의 광고 방식은 광고가 나간 뒤에 판매 신장에 변화가 있는지를 분석하는 식이었지만, 이제 기업들이 사람들 개개인의 행동이 바뀌었는지를 분석하고, 사람들의 행동을 조종하기 위해 화면에 내보내는 정보를 끊임없이 수정한다. 개인의 행동수정이 일종의 상품이 된 것이다. 이 상품은 단순히 사용자들에게뿐만 아니라 고객(조종자)들 입장에서도 '직접 참여해야 하는' 상품이다. 소기의 성과가 나타나지 않으면 살아남지 못할 것이기 때문이다.

문제의 정체를 규명하려면 위에서 설명한 모든 문제에 한 가지를 덧붙여야 한다. 첫 번째 논점에서 말했듯 이 교묘한 책략은 긍정의 감정보다 부정의 감정을 증폭시킨다. 그래서 사회를 개선시키기보다는 해롭게 만드는 데 더 큰 영향력을 발휘한다.

마침내 문제 주변에 원을 그어 표시할 수 있게 됐다. 부수적인 피해 없이 문제를 없앨 수 있다는 뜻이다. 우리가 직면한 문제는 다행히 아주 구체적이다.

우리가 이 위해한 사업 모델을 제거할 수만 있다면 근본적인 기술 자체는 그렇게까지 해가 되지 않을 수도 있다. 최소한 노력해봐야 한다. 그러지 않으면 결국에는 디지털 기술을 전부 제거해내야 할 터이기 때문이다. 과학기술은 최후의 '실패하지 않은 신',[4] 즉 낙관의 최후 보루다. 감히 그런 소중한 가치를 버릴 수는 없다.

물론 소셜미디어를 통해 얻은 좋은 경험도 있을 텐데, 이 책에서의 주장이 그런 경험을 절대 부정하는 것은 아니다. 오히려 나는 우리(업계와 사용자 모두)가 거부해야 할 것들을 정확히 규정함으로써, 소셜미디어의 좋은 측면을 유지하고 더 발전시킬 수 있게 되기를 바란다. 소셜미디어 계정을 당장 없애겠다는 결정은 미래에 좋은 측면의 경험을 가져다줄 것이다.

소셜미디어를 담배 업계와 비슷한 부류로 몰아붙이는 사람들도 있지만,[5] 나는 그러지 않으려고 한다. 개인적으로 소셜미디어는 담배보다는 납이 든 페인트에 비유하는 편이 더 적절하다고 본다. 납이 몸에 해롭다는 사실이 명명백백하게 밝혀졌을 때 페인트칠을 금지해야 한다고 주장한 사람은 아무도 없었다. 그 대신에 여론과 법률 제정에 힘입어 납을 함유하지 않은 페인트가 새로운 표준이 됐다.[6] 현명한 사람이라면 그와 마찬가지로 독성이 없는 종류가 나올 때까지 소셜미디어 사용을 중단해야 마땅하다.

나는 사회학자나 심리학자가 아니라 컴퓨터과학자의 입장에서 이런 주장을 펼치고 있다. 내가 서 있는 관점에서 바라보면 우리에게는 남은 시간이 그리 많지 않다. 세상은 우리의 통제하에서 빠르게 변해가고 있기 때문에 아무것도 하지 않는 것은 좋은 선택이 아니다. 지금 처한 상황을 이해하는 데 이상적인 엄밀한 과학이라고 할 만한 것은 없지만, 해결해야 할 문제를 설명하기에 충분한 결과는 이미 나와 있다. 다만 문제를 해결할 시간이 별로 없다.

그렇다면, 앞으로 계속해서 똑같은 설명을 되풀이할 필요가 없도록 이쯤에서 그런 문제를 일으키는 요인을 지칭하는 용어를 정해두는 편이 좋을 듯싶다. '사용자들의 행동이 수정되어 왕국(대기업)을 위해 이용되는 것Behaviors of Users Modified, and Made into an Empire for rent'이라는 영어 앞 글자를 따서, '버머Bummer, bummer에는 '실망스러운 일, 불쾌한 경험'이라는 뜻이 있다'라고 부르면 어떨까?

여기서 말하는 버머는 컴퓨터 환경의 클라우드 상에 존재하는 통계적인 장치다. 앞에서 설명했듯, 통계적인 현상은 불명확하기는 해도 어쨌든 분명히 존재하는 실제 현상이다. 버머 알고리즘은 기껏해야 어떤 한 사람이 특정 방식으로 행동할 확률을 계산할 수 있을 뿐이다. 그러나 각 개인의 수준에서 단순한 가능성에 불과한 이런 결과는 다수의 집단을 대상으로 고려할 경우 '평균'이라는 확실성을 갖는다. 이 알고리즘은 어떤 한 사람보다는 인구 전체에 끼치는 영향을 따질 때 예측성이 훨씬 높아진다.

버머의 영향력은 통계적으로 작용하기 때문에, 그 위협성은 기후변화와 다소 비슷한 방식으로 나타난다. 가령 어떤 특정한 폭풍우, 홍수, 가뭄이 기후변화 탓에 발생했다고 규정할 수는 없지만, 그런 재난이 발생할 확률에 기후변화가 영향을 줬다고는 분명히 말할 수 있다. 좀더 장기적인 관점에서는 해수면이 상승하면서 대다수 사람이 거주지를 옮기고 새로운 식량 자원을 찾아야 하는 끔찍한 상황이 발생할 경우 그 원인으로 기후변화를 지목할 수 있을 것이다. 물론 그렇게 되었다면 이미 그런 논쟁 자체가 종적을 감추고 없을 테지만 말이다.

　마찬가지로 어떤 속물 같은 사람이 버머 때문에 더 심각한 속물이 되었는지, 혹은 버머가 없다면 우리 사회에서 벌어진 어떤 해악을 모면할 길이 있을지를 증명하기는 힘들다. 그런 가능성을 유추하는 방법을 나중에 몇 가지 논하겠지만, 기본적으로 버머가 인간의 행동 양식을 바꾸었는지를 확인할 명확한 방법은 따로 없다. 그렇지만 버머 플랫폼이 사용자들에게 최소한 어느 정도의 변화를 주었을 것이라는 유추는 충분히 가능하다.

　버머가 없는 세상이 어떻게 다를지 구체적으로 알아볼 길은 없더라도 큰 그림은 그려볼 수 있다. 우리가 직접 버머를 바로잡지 않는다면 버머는 기후변화와 마찬가지로 우리 인류를 파멸로 몰고 갈 것이다.

버머 장치를 만드는 부품

버머는 6개 부품으로 구성된 장치에 비유할 수 있다.

　흔히 시험 공부를 할 때 중요 사항을 암기하기 위해 앞 글자를 따서 연상하는 방법을 쓰듯, 버머 장치의 작동 부품에 비유할 수 있는 6가지 특성을 알파벳순으로 정리해봤다.

　A: 관심 끌기Attention Acquisition 가 중요해지면서 대두되는 관심

종자$_{Asshole}$ 우위 사회

B: 모두의 삶에 참견하기$_{Butting\ into}$

C: 의도한 내용을 자꾸 억지로 들이밀기$_{Cramming\ down}$

D: 사람들의 행동을 최대한 교묘하게 유도하기$_{Direct}$

E: 최악의 꼴통이 사람들을 은밀히 조작해서 돈을 벌도록
$_{Earn}$ 내버려두기

F: 가짜$_{Fake}$ 군중과 위조자$_{Faker}$ 들의 사회

이 여섯 가지를 하나씩 구체적으로 살펴보자.

A: 관심 끌기가 중요해지면서 대두되는 관심 종자 우위 사회

사람들은 온라인에서 기괴하고 고약한 행동을 종종 벌인다.
인터넷 시대 초창기에 모든 이가 이런 기이한 현상을 목격하고
는 놀라움을 금치 못했으며, 실제로 우리가 사는 세상에 이런
현상이 상당한 영향을 미쳤다. 물론 온라인에서의 모든 활동과
경험이 추잡하고 속된 것은 아니었지만 그런 분위기가 온라인
세계 전반에 깊이 스며들며 부정적인 행동의 피드백을 부채질
했다. 이것이 사람들의 행동수정에 교묘히 관여하는 기업들과
소셜미디어 사업의 원천이 됐고, 이 기업들은 순식간에 인터넷
세계의 지배자로 등극했다.

어째서 이런 속되고 추한 분위기가 형성되는 걸까? 그에 관
해서는 뒤이은 논점에서 자세히 살펴보겠지만, 간단히 설명하

자면 이런 환경에서 평범한 사람들이 얻을 수 있는 주된(어떻게 보면 유일한) 보상이 '관심'이었기 때문이다. 평범한 사람들이 합당한 방식으로 돈을 벌기가 힘들고, 일반적인 인터넷 사용자들은 실제 권력과 부가 아니라 그저 가짜로 꾸민 권력과 부를 얻을 뿐이다. 그러다보니 심리전이 주가 된다.

관심 이외에는 마땅히 추구할 가치가 없어지면서 평범한 사람들이 관심 종자가 된다. 가장 추잡한 관심 종자가 세간의 주목을 가장 많이 받기 때문이다. 관심 종자 근성을 유도하는 버머의 본질적인 편향은 그 밖의 부분들에도 묻어난다.

B: 모두의 삶에 참견하기

이에 관해서는 첫 번째 논점에서 이미 언급한 적이 있다.

디스토피아를 그린 SF 소설에서처럼, 모든 사람이 일정 수준의 감시 속에서 지낸다. 일상적인 염탐은 부품 A에서 언급한 관심 종자 생성 플랫폼 없이도 나타날 수 있지만, 우리가 만든 이 세상에서는 공교롭게도 이 두 가지가 대부분 서로 밀접히 연관된다.

염탐은 사람들이 사실상 항상 몸에 지니고 다니는 스마트폰 같은 전자기기들을 통해 주로 이루어진다. 개인의 연락 내용, 관심사, 활동, 다른 사람과의 접촉, 환경에의 감정적 반응, 얼굴 표정, 구매 이력, 활력 징후 등 유례없이 다양하고 방대한 데이터가 수집된다.

가령 누군가가 지금 이 책을 전자기기로 읽고 있다면, 그 사람이 얼마나 빨리 읽는지, 다른 일을 위해 언제 잠시 독서를 중단하는지 등을 추적 기록하는 알고리즘이 작동하고 있을 가능성도 충분히 있다.

알고리즘은 개인과 대중의 데이터에서 관련성을 찾는다. 이런 상관관계를 통해 각 개인의 특성을 효과적으로 분석하는데, 지속적인 분석을 통해 각 개인의 예측 가능성이 평가된다. 그리고 잘 정립된 이론들과 마찬가지로, 피드백을 통해서 꾸준히 개선된다.

C: 의도한 내용을 자꾸 억지로 들이밀기

개인이 각자 전자기기를 통해 경험하는 내용을 알고리즘이 구성한다. 피드feed, 사용자에게 자주 업데이트되는 콘텐츠를 제공하는 데 쓰이는 데이터 포맷, 추천 엔진recommendation engine, 개인화personalization가 그 예다.

부품 C는 각 사용자가 서로 다른 내용을 보게 되는 현상을 뜻한다. 그 즉각적인 자극이 개인에 맞춤한 행동수정의 자극을 전달하는 것이다.

버머가 생겨난 이후, 다른 사람들의 생각과 행동을 보고 왜 그들이 그렇게 생각하고 행동하는지를 이해하기가 힘들어졌다. 이런 측면에 관해서는 뒤에서 진실에 접근하지 못하고 공감 능력을 잃어간다는 논점을 다룰 때 더 자세히 살펴볼 것이다.

참고로 모든 개인화가 버머에 해당되는 것은 아니다. 넷플릭스가 영화를 추천하거나 이베이가 상품을 추천해주는 것은 버머가 아니다. 다만 그런 서비스가 버머의 다른 요소와 결합할 때에는 버머가 될 수도 있다. 넷플릭스나 이베이는 자사 사이트를 방문한 사람들의 직접적인 용무에만 관여할 뿐이지, 제3자에게 돈을 받고 사람들의 행동을 수정하려고 들지는 않는다.

D: 사람들의 행동을 최대한 교묘하게 유도하기

앞서 소개한 부품들은 하나의 장치로 통합되어서 타인의 행동을 의도적으로 수정하는 데 쓰이는 측정 체계와 피드백 장치를 구성한다. 그 과정은 첫 번째 논점에서 설명했는데, 간단히 정리하면 다음과 같다.

사용자의 관심과 집중을 유도하는 데 최적화된 맞춤형 피드가 각 사용자에게 전달되는데, 이런 맞춤형 피드는 감정에 강력한 자극을 주는 것이 많아서 중독을 유발한다. 사람들은 자신이 어떤 식으로 조종당하고 있는지 의식하지 못한다. 이렇게 조종하는 기본적인 목적은 사용자들을 점점 더 열중시켜 시스템 안에서 갈수록 더 많은 시간을 보내게 만드는 것이다.[7] 그뿐 아니라 사람들을 조종해서 다른 방향으로 활용하는 방법들도 시도되고 있다.

예를 들어 당신이 전자기기로 책을 읽는다면, 당신의 독서 행동은 다른 사람의 독서 행동과 비교된다. 당신과 독서 패턴이 비슷한 누군가가 특정한 방식으로 제시된 광고를 보고 어떤 상품을 구매했다면 당신도 그와 동일한 방식으로 제시된 광고를 보게 될 공산이 커진다. 또 중요한 선거를 앞두고서 당신이 투표에 참여할 가능성을 줄이려는 목적으로 당신과 비슷한 사람들에게서 내면의 부정적인 성향을 끄집어내는 데 효과가 있었던 묘한 내용의 글을 당신에게 전달할 수도 있다.

버머 플랫폼들은 슬픈 감정을 자극하고, 투표율에 변화를 주며, 브랜드 충성도를 높이는 등의 효과를 실험했다는 사실을 자랑스럽게 밝혀왔다. 실제로 이런 사례들은 버머가 모습을 갖춰가던 시기에 가장 많이 알려졌던 연구 결과다.[8]

디지털 네트워크가 행동수정이라는 목표에 접근할 때는 삶의 다양한 측면과 다양한 사례를 모두 하나로 뭉뚱그린다. 알고리즘의 관점에서 봤을 때, 감정과 행복, 브랜드 충성도 같은 것은 다르면서도 비슷한 최적화 신호에 불과하다.

만일 당신이 평소에 온라인에서 특정한 종류의 글을 볼 때마다 기분이 슬퍼진다면, 어떤 알고리즘이 당신에게 슬픈 감정을 유도하려 할 때 당신은 그런 유형의 글을 더 많이 보게 될 것이다. 그런 유형의 글이 왜 당신에게 그런 영향을 끼치는가는 그 누구도 알 필요가 없다. 더욱이 당신은 그런 온라인 콘텐츠를 보면 기분이 조금 슬퍼진다는 사실이나, 자신이 조종당하고 있다는 사실조차 알아차리지 못할 가능성이 크다. 이런 효과는 미묘하지만 갈수록 누적된다. 때로는 과학자들이 그 원리를 깊이 알아보려고 연구에 나서지만, 조종 과정 대부분은 어둠 속에서 자동화된 절차를 통해 진행된다. 그야말로 불길한 그림자가 드리운 새로운 유형의 우주라 하겠다.

알고리즘은 조사받거나 심문당하는 일이 거의 없으며, 외부기관에 소속됐거나 독립적으로 활동하는 과학자들에게 추궁당하는 일은 더더욱 없다. 알고리즘이 어떻게 그런 효과를 발휘하는지 이해하기가 힘들기 때문이다. 요즘 실리콘밸리에는 머신러닝에 남달리 뛰어난 과학자들이 있는데, 어째서 그들이 그런 특출한 기량을 나타내는지는 아무도 알 수 없다. 그러고 보면 인간의 행동을 조종하는 가장 기계적인 절차는 알고 보면 놀라울 정도로 직관적인 기술이다. 그런 최신 알고리즘에 능숙한 사람들은 가치 있는 인재 대접을 받으며 대단히 높은 보수를 받는다.

E: 최악의 꼴통이 사람들을 은밀히 조작해서 돈을 벌도록 내버려두기

버머는 돈을 받고 제공하는 대중 행동수정 장치다. 버머를 이용한 조작은 완벽하지는 않지만 대단히 위력 있어서 상품 브랜드, 정치인, 그 외의 경쟁적인 환경에 있는 여러 단체가 버머 장치에 돈을 모두 갖다 바칠 정도로 자멸적인 상황에 이르렀다. 보편적인 정신적 갈취가 잇따르면서, 버머에 쓰는 돈은 전 세계적으로 갈수록 늘어나고 있다.[9]

버머 플랫폼에 현금을 지불하지 않는 이들은 대신에 데이터 공급원이 되어야 한다. 그래야 플랫폼에 전멸당하지 않고 버틸 수 있다. 실제로 페이스북이 뉴스피드news feed 기능을 강화하자 전 세계 언론계는 버머의 표준에 맞춰서 포맷을 재조정해야 했다. 기자들은 기사가 누락되는 상황을 피하기 위해 클릭을 유도하는 낚시성 기사와, 문맥에서 쉽게 발췌할 수 있는 형태의 기사를 만들어냈다. 버머에 섬멸되지 않기 위해 자기들 스스로가 버머가 되어야 했던 것이다.

버머는 실리콘밸리의 도덕성을 흐려놓았을 뿐 아니라, 나머지 경제계 모두가 제정신을 잃게 만들었다. 버머의 경제적인 측면에 관해서는 '논점 9'에서 더 깊이 살펴볼 것이다.

부품 F로 넘어가기 전에, 부품 E가 버머 장치의 존속에 필요한 금전적인 보상을 제공하는 특별한 역할을 한다는 사실을 짚고 넘어가야 한다. 실리콘밸리 사람들과 어울리다보면 돈이 점점 쓸모없어지고 있으며 돈을 뛰어넘는 새로운 힘과 영향력이 형성되고 있다는 이야기를 많이 나눈다. 그러면서도 다들 여전히 열심히 돈을 쫓고 있다!

세상 사람들을 겁에 질리도록 만들어서 모두의 관심을 수중에 넣는 것이 돈을 가장 많이 버는 방법이라면, 앞으로 그런 일이 일어날 것이다. 그렇다는 건 몹쓸 놈들이 늘어난다는 뜻이 되겠지만 말이다. 만일 우리가 그와는 다른 일이 일어나기를 진정으로 바란다면, 돈을 버는 방식이 지금과는 달라져야 한다.

2016년 미국 대통령 선거 이후 페이스북, 트위터, 구글 검색,[10] 유튜브는 숨은 광고, 악의적인 가짜 뉴스, 혐오 발언 등에 맞서기 위해 정책을 변경하겠다고 발표했다. 또 선거관리 기관은 정치 광고주의 신원을 확인하는 등의 규정을 도입했다. 내가 이 책의 집필을 마무리해갈 즈음에는 페이스북이 뉴스피드의 비중을 줄이겠다고 발표했다는 소식도 나왔다. 그 소식에 언론계는 크게 기뻐했다. 무엇보다 언론사들이 각자 원하는 방식대로 독자, 시청자들과 더 자유롭게 소통할 수 있게 되었기 때문이다.

이런 변화가 적어도 당분간은 버머 효과를 약화시킬지도 모른다. 실제로 이런 정책 변화로 온라인에서의 험악했던 사회 현상이 다소 개선됐다. 온라인 포럼 형태로 운영되는 소셜 뉴스 웹사이트 레딧Reddit은 2015년에 서브레딧subreddit, 레딧 메뉴에 있는 각각의 게시판 중에 험악하고 추한 종류를 골라 차단했는데, 그 뒤로 악의성 게시글의 비중은 줄어들었다.

하지만 시스템을 약간 수정한다고 해서 근본적인 유인誘因, incentive이 사라지는 건 아니다. 몹쓸 놈들은 분명히 예전보다 더 정교하고 교활한 대응 조치를 생각해낼 것이다. 실제로 그런 일이 이미 벌어지고 있다. 그 명백한 사례로 검색엔진 최적화 같은 것을 들 수 있다. 검색엔진 최적화는 고객들이 검색엔진의 정책 변경에 맞추어 자신의 게시물이 검색엔진에서 더 잘 검색되도록 조정하는 작업으로, 이와 관련해서 이미 꽤 방대한 산업이 형성됐다.

근본적인 유인이 변함없이 그대로 남아 있는 와중에, 과연 중독, 조작, 세계적인 정신이상 등 버머가 만들어낸 여러 문제를 점증적인 개혁을 통해 해소할 수 있을까? 나는 제한적인 개혁이 효과를 낸다면 그런 개혁에 전적으로 찬성하며, 페이스북의 피드 운영 정책 변화로 세상이 조금이라도 더 나은 곳이 되기를 희망하지만, 약간의 변화만으로는 어림없다는 생각에 염려가 된다. 그것이 바로 내가 지금 이 책을 쓰는 이유 중 하나다.

일반적으로 근본적인 유인은 세부 규정을 압도한다. 사람들이 동기를 좇아 목적을 달성하기 위해 규정을 은근슬쩍 피해가면서 이 세상은 더 어둡고 무서운 곳이 된다. 금지령은 일반적으로 효과가 없다. 가령 미국에서 20세기 초 알코올의 합법적인 생산을 금하는 법을 제정해 시행하자 조직적인 범죄가 횡행했고, 결국에는 금주법을 폐지할 수밖에 없었다. 20세기 후반에 대마초 금지법이 발효됐을 때에도 똑같은 일이 벌어졌다. 법으로 금지하고 규제하는 방법은 사회를 합법적인 영역과 범죄자들의 영역으로 양분하여 오히려 부패를 촉진한다. 법이 제대로 효과를 내려면 사람들의 동기를 자극하는 유인에 어느 정도 부합해야 한다.

근본적인 유인을 내버려둔 채 버머 관련 규정만 수정하는 것도 십중팔구 비슷한 실패를 가져올 것이다. 관련 규정을 살짝 수정하는 실험은 이미 실패했다. 구글과 페이스북 같은 버머의 선구자들은 몹쓸 놈, 사기꾼, 공인되지 않은 조종자들을 열심히 뒤쫓았지만, 결과적으로 뛰어난 기술을 갖춘 비밀 사이버 범죄 조직 형성을 부채질하고 그 일부가 적대적인 국가를 위해 일하는 폐단을 낳았다.

버머의 규정을 수정해 나타나는 부작용으로 우리를 가장 크게 낙심시키는 현상은 플랫폼과 몹쓸 놈들 간의 갈등 속에서 버머 기업이 우리 삶의 더 많은 부분을 책임져야 한다고 선의를 품은 이들이 합의하게 된다는 점이다. 사람들은 자신과 관계가 먼 글로벌 IT 기업들에게 혐오 발언hate speech, 악의적인 뉴스 조작, 폭력, 인종차별, 괴롭힘, 신원 조작을 포함한 온갖 추하고 악한 행위들을 통제해달라고 요구한다. 선의의 활동가들도 기업들이 사용자 행위를 더 많이 규제해야 한다고 요구한다. 그들은 마치 이렇게 요구하는 듯하다. "실리콘밸리의 젊고 부유한 프로그래머 여러분! 어떤 말을 해도 되는 건지 저희에게 제발 알려주세요. 저희의 태도를 바로잡아주세요!" 버머 장치를 활용해서 민주주의를 타락시키려고 하는 몹쓸 놈들은 선의의 활동가들보다 불리한 상황에 있으면서도 싸움에서 이긴다.

문제가 되는 버머의 유인에 관해서는 앞으로 계속해서 구체적인 예를 살펴보게 될 것이다. 그리고 그런 유인들과는 달리 세상을 좀더 나은 곳으로 만드는 데 도움이 될 가능성이 있는 종류의 유인을 논점 9에서 제시할 것이다. 자, 그럼 마지막 부품인 F에 대해서 알아보자.

F: 가짜 군중과 위조자들의 사회

이 부품은 버머 장치의 초기 설계에는 대개 들어 있지 않았지만 현재는 거의 빠짐없이 나타나는 요소다. 가짜 군중은 겉으로 나타나지는 않지만 그 규모가 상당히 방대하며, 분위기를 조성한다. 이런 망령의 존재들은 봇bot, 로봇의 준말로, 다른 프로그램이나 사람의 대리자 역할을 해서 인터넷 사이트를 방문해 요청한 정보를 검색, 관리하는 소프트웨어 도구다, 인공지능AI, 가짜 리뷰어, 가짜 친구, 가짜 팔로워, 가짜 게시자, 자동화된 캣피싱catfishing 같은 것이다.

이것들로 인해서 눈에 안 보이는 사회적 반달리즘이 뒤따른다. 또 인간의 심리와 행동에 대단한 영향력을 끼치는 사회적 압력이 형성된다.

가짜 군중의 결정적인 역할에 관해서는 꼴통들에 관한 논의에 뒤이어 진실에 관한 논점을 다루는 자리에서 살펴볼 것이다.

문제가 한정적이므로 막을 수 있다

문제 주변에 선을 구체적으로 그려놓으면 해결 가능성이 그만큼 높아진다. 우리가 직면한 문제는 인터넷, 스마트폰, 스마트 스피커, 알고리즘 기술이 아니라는 전제를 앞에서 제시했다. 세상이 지금처럼 어둡고 정신 나간 곳이 된 원인은 버머 장치다. 그리고 버머 장치의 핵심은 정확히 말하면 기술이 아니라, 삐딱한 동기로 사람들을 유인하고 타락시키는 일종의 사업 방식이다.

게다가 이런 사업 방식은 그다지 널리 이용되고 있지조차 않다. 중국을 제외한 전 세계에서 버머에 완벽히 의존하고 있는 글로벌 IT 기업은 페이스북과 구글뿐이다. 5대 글로벌 IT 기업 중에 페이스북과 구글을 제외한 나머지 세 곳은 현재 버머가 워낙 일반화되었기 때문에 상황에 따라 버머를 이용할 뿐이지, 버머에 전적으로 의존하고 있지는 않다. 규모가 그보다 작은 기업들 중에도 트위터처럼[11] 영향력이 큰 버머 기업들이 있다. 그러나 이들은 사업적으로 흔히 어려움을 겪는다. 이것이 바로 버머가 장기적인 사업 전략으로 별로 바람직하지 못하다고 내가 예측하는 이유 중 하나이기도 하다. 이에 관해서는 경제적인 측면을 논하면서 더 자세히 다룰 것이다.

그런데 어떤 기업들이 버머인 걸까? 논쟁의 여지가 있는 질문이다. 일급 버머 기업이란 러시아의 정보전 전담 부대 같은 몹쓸 놈들을 끌어들이고 그들이 돈을 쓰게 만드는 곳이다. 이 기준을 활용하면 버머의 요소 중 일부만 가지고 있는 레딧이나 포챈4chan 같은 유사 버머 서비스 조직을 가려낼 수 있다. 하지만 이들 조직도 버머 생태계에서 여전히 상당한 역할을 하고 있다.

그다음으로 버머 기업이 될 잠재적 가능성이 있는 마이크로소프트, 아마존, 애플 같은 글로벌 IT 기업들, 그리고 스냅처럼 작은 기업의 서비스들을 꼽아 제외시킬 수 있다.

그런데 사실 논점 2에서 우리가 다루는 내용은 기업이 아니라 우리 각자와 관련된 문제다. 이제는 버머 장치 주변에 선을 그어 명확히 표시했으니, 우리가 피해야 할 것들 주변에 선을 그을 수 있게 됐다.

버머가 문제가 되는 이유는 버머에 특정한 기술이 포함되기 때문이 아니라, 다른 누군가의 노골적인 권력 과시 수단으로 버머가 사용되기 때문이다.

논점 1에서 설명한 방법론적 행동주의도 그 자체가 문제인 건 아니다. 당신에게 어떤 문제가 생겼을 때 인지행동 치료 전문가의 도움을 받기로 결정할 수도 있다. 다만 그 치료 전문가가 전문가로서의 기준을 지키겠다고 약속하고, 당신의 신임을 얻었다는 전제가 있어야 한다. 만일 그가 멀리 있는 힘 있는 기업에게 돈을 받고서 당신이 원하지 않는 어떤 결정을 하게 만든다면, 그런 서비스는 버머다.

마찬가지로 최면술 그 자체는 버머가 아니다. 하지만 최면술사가 당신이 모르는 다른 누군가를 위해 일하는 사람으로 대체되고 당신이 무엇을 위해 최면이 걸리는지 알 길이 없다면, 그것 역시 버머다.

문제는 특정한 기술 자체가 아니라, 그 기술이 다른 사람을 조종하는 데 사용되고 광적이며 기이한 방식으로 힘과 영향력을 행사해 문명의 생존을 위협하는 데 있다.

온전한 세상을 만들겠다고 스마트폰, 컴퓨터 클라우드 서비스,

인터넷 웹사이트의 사용을 아예 중지해야 하는 건 아니다. 수학, 사회과학, 심리학을 두려워할 필요는 없는 것과 마찬가지다.

하지만 버머는 우리가 피해야 할 기술이다. 그렇기 때문에 버머 계정을 없애야 한다!

소셜미디어는
당신을
꼴통으로
만들고 있다

제목에 대한 부연 설명이 필요할 듯하다. 나는 안면이 없는 독자들 한 사람 한 사람을 향해서 하는 말이 아니라, 그저 많은 사람이 그렇게 되어가고 있다는 사실을 지적하는 것이다. 그 많은 사람이 모두 자신의 문제는 못 보고 다른 사람들의 문제만 보는 듯하지만 말이다. 나는 온라인에서 내 자신이 꼴통이 되어가는 것을 실제로 느낀 적이 있다. 그야말로 무섭고 암울한 경험이었다.

그래서 사실은 제목을 이렇게 달아야 했던 건지도 모르겠다. "당신은 차츰 꼴통으로 변해갈 수 있고, 통계적으로 따지면 이미 꼴통이 되어가고 있을 가능성도 크다. 그러니 제발 기분 나쁘게 생각하지 말고, 이 문제를 진지하게 받아들이길 바란다."

중독자들은 자신이 중독되었다는 사실을 외면하려 애쓰지만 이는 겉으로 드러난다. 성격이 바뀌기 때문이다.

깊이 중독된 사람은 반복적으로 초조해하고, 강박적으로 뭔가를 쫓는다. 늘 결핍을 느끼면서 확인할 수 있는 무언가를 다급하게 찾는다. 이들은 불안하고 초조한 마음으로 남들 눈에는 안 보이는 일에서 불길한 징조를 느끼고 집요하게 매달린다. 중독자들은 이기적이어서 자신의 일상에만 완전히 몰두한 나머지 다른 사람들의 기분이나 생각에는 관심을 기울일 여력이 거의 없다. 이들에게서 흔히 나타나는 오만과 과장하는 태도는 불안을 감추려는 의도임이 여러모로 분명하다. 중독자들은 자신만의 근거 없는 믿음에 사로잡힌다. 이들은 스스로를 대단하게 생각하며, 중독이 깊어질수록 현실감을 잃는다.

마약 중독자들이나 파멸에 이른 노름꾼들과 마찬가지로 심각한 소셜미디어 중독자들에게서도 동일한 변화가 나타난다. 좀더 일반적으로는 버머 사용자들이 중독자들과 약간 비슷한 상태가 되어가는 현상이 흔히 관찰된다. 통계적으로 봤을 때 버머 사용자들은 온라인에서 활동할 때 중독자와 비슷한 행동을 할 가능성이 높다. 버머의 잿빛 그림자는 이런 측면에서도 음영을 드리운다. 그 결과 사회 전체적인 분위기가 몇 단계 더 어두워진다.

중독자들에게서 나타나는 가장 기이한 특성은 이들이 마치 고통을 찾아다니는 것처럼 보인다는 점이다. 욕구를 해소하는 순환 과정에는 고통이 꼭 필요하기 때문이다. 정확히 말하면 도박꾼은 이기는 데 중독된 것이 아니라, 패할 가능성이 더 높은 과정에 중독된다. 마약 중독자는 약에 도취되었을 때의 황홀한 기분이 아니라, 기분이 바닥에 치달았을 때와 최고조에 올랐을 때 사이의 아찔한 차이에 중독된다.

마찬가지로 버머 중독자는 기이하게도 말다툼에 휘말리기를 바라기라도 하는 듯 걸핏하면 발끈하고 성을 내는 사람이 된다.

공격적인 성향도 생기는데, 그들 자신은 그것을 어쩔 수 없는 일로 받아들인다. 남을 희생양으로 삼지 않으면 자기가 희생양이 될 수밖에 없기 때문이다. 심지어 소셜미디어 최고의 인플루엔서influencer들처럼 매력적이며 성공한 버머 중독자들조차 타인에게 지나치게 친절해서는 안 된다고들 말한다. 사생활이 전부 노출되는 경쟁적인 환경에서 약점을 드러낼 수 있으니 말이다.[1] 그리고 체면상 자신이 팔로우하는 사람보다는 자신을 팔로우하는 사람 수가 더 많아야 한다.

성격 변화는 스스로는 눈치채거나 인정하기가 힘들지만 남들 눈에는 쉽게 보인다. 특히 싫어하는 사람에 대해서는 더더욱 그렇다. 보수적인 버머 중독자들은 버머 중독이 있는 진보적인 대학생들을 비난할 때 '형편없는 작은 눈송이들'정서적으로 유약하며 사소한 일에 쉽게 발끈하는 청년 세대를 가리키는 말로, '눈송이 세대snowflake generation'라고도 불린다이라는 모욕적인 표현을 쓰기도 한다.

그런데 눈송이들 중에서도 가장 형편없는 눈송이는 도널드 트럼프다. 그는 비난 받는 그 젊은이들처럼 행동한다. 나는 지난 수십 년 사이 그를 만날 기회가 몇 번 있었다. 내 마음에 안 드는 사람이었지만 그때만 해도 최소한 버머 중독자는 아니었다. 그는 뉴욕 시민다웠고, 조종자이자 배우의 기질이 있었으며, 내 편과 남의 편을 계산하는 데 일가견이 있었다. 하지만 성격적으로 자기만의 유머가 있었으며 리얼리티 TV 프로그램에 출연할 때조차 그런 개성을 잃지 않았다.

그런데 트위터 중독자가 되면서 트럼프의 그런 성격이 바뀌었다. 그에게서 유약한 눈송이의 습성이 나타났고 가끔씩 통제력을 잃은 모습도 보인다. 그보다 중독의 힘이 더 강한 탓에 그는 세계에서 가장 막강한 사람답게 행동하지 못한다. 그에게 남을 부당하게 괴롭히는 측면도 있을지 모르지만 한편으로는 그 역시 피해자다.

내면의 트롤troll*을 만나다

세월이 흐르면서 소셜미디어에 많은 변화가 있었지만, 소셜미

• 스칸디나비아 신화에 나오는 상상 속 괴물로, 인터넷 토론방이나 게임에서 남들의 화를 부추기는 사람을 지칭하는 말로도 쓰인다.

디어의 기본적인 형태는 내가 컴퓨터에 처음 발을 들여놓았던 1980년대 초에 이미 나와 있었다. 물론 당시의 소셜미디어는 여러 사람이 텍스트를 입력해서 각자의 견해를 밝히는 것에 불과했다. 최고의 게시물을 투표하는 기능이나, 맞춤 콘텐츠를 업데이트해주는 알고리즘 같은 건 전혀 없는 아주 기본적인 형태였다.

그런데 그 오래전 옛날에 나는 어떤 소름 끼치는 현상을 겪었다. 내가 어떤 사람이나 집단과 난데없이 싸움을 하게 되는 일이 종종 일어났던 것이다. 정말 기이한 일이었다. 어느새인가 서로 모욕을 주고, 상대방을 끽소리 못 하게 누르려 하고, 괴롭혔다. 그리고 그런 다툼은 어떤 피아노 브랜드에 관해 이야기 나누면서 누군가가 어떤 내용을 아는지 모르는지처럼 어처구니없이 하찮은 문제가 발단이었다.

나는 게시판에 글이 달리는 것을 보면서 애끓었다. '나는 무식한 사람이 아니라고! 나는 피아노에 대해서 잘 알아! 저 바보천치 같은 자식이 어떻게 감히 나한테 이런 불쾌한 말을 할 수가 있지? 좋아, 저 자식이 뭔가 멍청한 말을 하게 만들어서 망신을 줘야겠어.'

그런데 이런 상황이 너무 자주 일어나다보니 아무렇지도 않은 일이 되어버렸다. 나만 그랬던 게 아니라 다들 마찬가지였다. 기분이 혼란스럽게 변덕을 부렸다. 화창한 아침이었다가 갑자기 폭풍우가 몰아치는 식이었다.

꼴통 같은 행동에 빠져들지 않으려면, 억지로 좋은 사람인 척 꾸며야 했다. 부자연스러울 정도로 지나치게 다정하고 예의 바르게 행동하며, 쓰는 단어 하나하나를 엄청나게 신중하게 고르면서, 살얼음판을 걷듯이 조심하고 또 조심해야 했다.

그건 더 끔찍했다!

결국 변해가는 내 모습이 싫어서 나는 네트워크에 연결된 대화방을 더 이상 사용하지 않았다. 상대방과 함께 있을 때 내가 어떻게 변하는지를 보고 짝을 고르라는 옛말도 있지 않은가? 그 기준은 기술을 선택할 때도 유용하게 활용할 수 있다.

1990년대에 몇몇 친구가 웰well이라는 이름의 선구적인 온라인 커뮤니티를 만들고 내게도 계정을 만들어줬지만 나는 아무것도 게시하지 않았다. 한참 뒤 세컨드 라이프Second Life라는 온라인 가상세계를 만드는 친구들의 일을 도와줬을 때에도 마찬가지였다.

그러다가 2000년대 초, 아리아나 허핑턴이라는 여성 기업가의 부탁으로 허핑턴 포스트에 한동안 블로그를 운영한 적이 있다. 그런 일이 있게 된 자초지종을 설명하자면 다음과 같다.

우리는 콜로라도 로키산맥에 자리한 작고 아기자기한 마을에서 열렸던 콘퍼런스에서 만났다. 영향력 있는 부유층 인사들이 주요 참석자인 수준 높은 모임이었다. 나는 벤치에 앉아서 쓰레기통을 둥그렇게 둘러싼 시멘트벽 가장자리에 한쪽 팔을 올려두고 있었다. 아리아나가 다가와서 내 팔 위로 앉았다. 팔을 움직일 수가 없었다.

"이런, 못 보셨나보군요. 팔을 뺄 수 있게 잠깐 비켜주시겠어요?" 내가 말했다.

그러자 그녀는 강한 그리스어 악센트로 이렇게 대답했다. "이런 영광을 맛보려고 엄청난 돈을 낼 사람들도 있다는 걸 아세요? 제 사이트에서 블로그에 글을 써주시면 팔을 뺄 수 있게 해드리지요."

그래서 글을 쓰기 시작했다. 짧은 기간에 나는 허핑턴포스트 최고 인기 블로거에 올랐으며, 내 블로그가 늘 첫 화면에 배치됐다. 그런데 블로그에 달리는 댓글을 읽을 때마다 예전의 그 문제에 다시 빠져드는 기분이었다. 안 그러려고 해도 댓글을 무시해버릴 수가 없었다. 기이한, 저차원적인 분노가 마음속에서 끓어오르는 걸 느꼈다. 반대로 '좋아요'를 받으면 어처구니없는 만족감이 느껴졌다. 좋아요를 남겼다는 것이 내 글에 크게 주목했다는 의미는 아니었음에도 말이다. 실제로 댓글을 쓰는 사람들은 대부분 자신들이 주목 받기를 바란다.

모두 한데 뒤섞여서 서로를 조종하고, 사실과 다르게 과장하고 있었다.

얼마 지나지 않아서, 내가 독자들을 약 올리기 위해 나 스스로 믿지도 않는 것들에 대해서 글을 쓰고 있다는 사실을 자각했다. 나는 사람들이 듣고 싶어하거나 반대로 듣기 싫어하는 주제에 관해 글을 썼다. 그렇게 하면 사람들을 선동할 수 있다는 것을 알았기 때문이다.

이런 세상에! 똑같은 상황으로 돌아가고 말았다. 이 멍청한 기술과 연관이 있는 어떤 원인으로 꼴통이 되어갔던 것이다!

나는 이번에도 그만둘 수밖에 없었다.

이 책에서 제시한 논점 열 가지 중 이번 주장은 내가 직접 뼈저리게 느꼈던 점이다. 나는 꼴통이 되기 싫고, 거짓으로 좋은 사람인 척하는 것도 싫다.

나는 실제로 좋은 사람이 되고 싶다. 그런데 불가사의한 힘으로 그런 나의 바람에 대항하는 온라인 사업 모델이 있는 것 같다. 내가 페이스북, 트위터, 왓츠앱Whats App[2], 인스타그램, 스냅챗 같은 서비스의 계정을 만들지 않은 가장 근본적인 이유도 바로 거기에 있다. 트위터에 '@RealJaronLanier'라는 계정이 있다고 알려져 있지만 그것이 누구 계정인지 나는 모른다. 최소한 내 계정은 아니다.

그렇다고 소셜미디어 계정이 없으니 내가 독자들보다 한 수 위라고 생각하는 건 아니다. 내가 계정을 만들지 않은 건 아마 내가 남들보다 부족하기 때문일지도 모른다. 어쩌면 독자들은 나보다 소셜미디어를 훨씬 현명하게 잘 다루고 있는 건지도 모른다.

하지만 아무리 봐도 소셜미디어가 생긴 뒤로 꼴통들이 세상에 목소리를 더 많이 내고 있다.

버머 플랫폼은 양극단 사이에서 부딪치고 튀어나오는 상황을 겪는다. 한쪽 끝에서는 꼴통들이 그야말로 똥폭풍처럼 쏟아져 나오고, 다른 쪽 끝에서는 모두가 극도로 조심하면서 인위적으로 착해 보이는 행동을 한다.

하지만 보통 최고의 꼴통이 가장 큰 주목을 받으며, 결국은 그들이 플랫폼의 분위기를 만들어가는 경우가 많다. 플랫폼 내 모든 사람이 항상 꼴통처럼 구는 것은 아니지만, 그런 곳은 담장으로 둘러막힌 것처럼 느껴진다. 그 바로 바깥에서 꼴통들이 기다리고 있기 때문이다. 이것은 버머의 부품 A가 부족주의 tribalism를 강요하는 방법 중 하나다.

꼴통 증폭기의 미스터리한 본성

부품 A가 인간 내면의 꼴통 근성을 불러일으키는 이유를 완벽히 이해할 수 있게 설명한 사람은 아무도 없었다. 여러 이론이 제시되었지만[3], 나 개인적으로는 다음과 같은 생각이 가장 타당하다고 여겨왔다.

기본적으로 세상 사람들이 꼴통과 꼴통 아닌 사람(혹은 트롤과 피해자)으로 나뉘어 있다고 보는 견해는 도움이 되지 않는다.

그보다는 모든 사람의 내면에 트롤이 있다고 보는 편이 옳다. 소셜미디어가 대중화되지 않았던 기술 발달 초기에는 기본 바탕이 워낙 깨끗했기 때문에 내면의 트롤이 지껄이기 시작할 때의 기이한 느낌을 금세 알아챌 수 있었다. 이렇게 각자의 내면에 존재하는 이 추잡한 존재를 우리는 오래전부터 잊고 지내왔다. 그런데 이 내면의 트롤이 우리를 좌지우지하도록 내버려두어서는 안 된다! 만일 어떤 특정한 상황에 놓일 때마다 그런 일이 벌어진다면, 그것이 온라인 플랫폼이든 인간관계든 직업이든 상관없이 그런 상황을 피해야 한다. 성격은 건강과 마찬가지로, 돈을 주고 살 수 있는 모든 것보다도 소중한 가치다. 절대 내던져버려서는 안 된다.

그런데 대체 어째서 내면에 트롤이 존재하는 걸까?

트롤이 이처럼 일반적으로 출몰하는 것을 보면, 이런 현상은 원초적이고 심오한 문제이며, 인류가 물려받은 비극이고, 인간이 갖춘 기본 조건의 핵심에 생긴 어처구니없는 결함임에 틀림없다. 하지만 이런 말을 늘어놓는 것만으로는 도움이 안 되니 우선 내면의 트롤이란 정확히 무엇인가부터 알아봐야겠다.

내면의 트롤은 주인 행세를 할 때도 있고 그렇지 않을 때도 있다. 이와 관련해서 나는 오래전부터 이런 가설을 생각해두고 있었다. 모든 인간은 각자 성격의 깊은 곳에 일종의 스위치가 있으며, 이 스위치로 두 가지 모드 중 하나에 성격을 맞춘다는 생각이다. 인간은 늑대와 비슷하게 혼자서 단독으로 지내기도 하고, 무리를 이루어서 집단의 일원으로 활동하기도 한다. 나는 이런 두 가지 상태를 조절하는 내면의 스위치에 '단독-무리' 스위치라는 이름을 붙였다.

독자적으로 활동하는 늑대 같은 상태일 때 우리는 조금 더 자유롭다. 이럴 때는 주위를 경계하고 조심하지만, 더 큰 기쁨을 느낄 수 있다. 자기 마음대로 생각하고 판단하며, 즉흥적으로 뭔가를 창조한다. 또 먹을 것을 찾아다니고, 사냥하고 몸을 숨긴다. 순수한 기쁨에서 큰소리로 울부짖기도 한다.

반면 무리에 섞여서 지내는 늑대가 되었을 때는 타인과의 상호작용이 세상에서 가장 중요한 일이 된다. 늑대들에게 그것이 어느 정도까지 영향을 끼치는지 잘 모르겠지만, 사람에게는 엄청나게 중요한 문제다. 사람들이 회사처럼 경쟁적이고 계층화된 권력 구조에 갇혀 있을 때는 눈앞에서 펼쳐지는 권력 투쟁이 현실보다 더 크게 다가오기 때문에 현실이 눈에 들어오지 않을 수도 있다.

오늘날 눈앞의 힘겨루기로 현실을 보지 못하는 가장 심각한 예는 기후변화를 부정하는 분위기다. 과학계와 사실상 전 세계 모든 나라가 기후변화에 인류가 맞서야 한다는 데 동의하긴 하나, 작지만 막강한 권력을 가진 일부 경영인과 정치인들은 그런 현실을 받아들이지 않고 있다. 그들은 기후변화의 과학을 부와 권력을 찬탈하려는 음모로 본다. 이것은 더 큰 현실을 간과하고 인간의 권력 투쟁에 온 정신이 쏠려 있을 때에만 나타날 수 있는, 엄청나게 터무니없는 생각이다.

그런 사례를 듣고, '과학기술계는 그런 터무니없는 믿음이나 생각에 빠지는 일이 없겠거니' 생각하며 긴장을 풀지 모르지만, 스위치가 '무리'에 맞춰져 있을 때에는 과학계도 마찬가지로 문제를 겪을 수 있다. 가령 이론물리학자 리 스몰린은 이론물리학계에서 끈 이론string theory, 끈이 시공간에서 어떻게 움직이며 어떻게 상호작용하는지를 기술하는 물리학 이론 물리학자들이 무리의 힘을 이용해서 한동안 학계를 강압적으로 지배했다는 사실을 상세히 기록해두었다.[4] 그와 같은 패턴은 사람들이 무리를 이룰 때에는 언제든지 나타난다. 동네 폭력배들은 자신들의 삶, 가족, 이웃이 만신창이가 되는 한이 있더라도 집단의 영역이나 복수 같은 패거리의 신념만 받든다. 스위치가 '무리' 쪽에 맞춰져 있으면 무리의 동료와 적들에게만 전적으로 신경을 기울인 나머지 바로 면전에서 벌어지는 일이 눈에 안 들어올 수도 있다.

단독-무리 스위치가 무리에 맞춰져 있을 때, 우리는 집단의 서열에 집착하고 그런 서열의 통제 하에 놓인다. 강등당하지 않기 위해 서열이 아래인 사람들을 함부로 대하고, 서열이 위인 사람들에게는 애써 비위를 맞추며 동시에 저격할 기회를 엿본다. 동료 구성원이 '동맹자'와 '적' 사이를 너무 빨리 왔다 갔다 해서 그들을 더 이상 개별적인 존재로 보기보다는 만화책에나 나올 법한 원형原型의 존재로 인식한다. 동료들 간의 지속적인 우호관계의 토대가 되는 것은 단 하나, 다른 무리를 향한 공동의 적대의식뿐이다.

보다시피 나는 지금 이해를 돕기 위해 동물 비유를 들어서 설명하는 중이다. 고양이들 역시 사회 계층 구조에 크게 신경을 쓰는 편이지만, 나는 사람에게 길들여진 요즘 시대의 고양이는 무리를 지어 활동하는 늑대보다는 홀로 있는 늑대에 더 가깝다고 본다. 어쩌면 고양이들에게는 '자존심' 스위치가 있는데, 사람들과 함께 살면서 자존심을 조금 덜 내세울 자유가 생긴 건지도 모른다. 사냥터가 좋아서 사냥감이 넘쳐나면 동료들에게 꼴통처럼 굴지 않기가 그만큼 쉬워진다. 고양이가 사람과 더불어 살게 된 것은 사람이 발전한 기술과 더불어 살게 된 것에 비유할 수 있다. 선택 조건이 많아졌다는 건 트롤이 되지 않을 기회가 더 많아졌다는 뜻이다. 최소한 인간 역사의 큰 그림에서 새로운 기술은 대개 그런 이득을 주었다. 하지만 버머는 예외적으로 기술이 인간의 자유를 줄이는 데 사용된, 안타까운 사례다.

사람의 내면에 있는 이 스위치는 보통 '단독'의 위치에 맞춰져 있어야 마땅하다.

단독의 위치에 있을 때, 사람들은 세상에 관해 저마다 조금씩 다른 정보를 얻게 되며 그 정보에 접근하는 사고방식도 모두 조금씩 다르다. 이런 개인의 성격에 끼치는 영향 외에도 이 스위치가 '단독'에 맞춰져야 할 이유가 또 있다.

경영대학원 첫 수업에서 교수가 이런 실험을 시연하는 경우가 종종 있다. 학생들에게 젤리빈이 든 큰 유리병을 보여주면서, 그 안에 젤리빈이 몇 개나 들었을지 추측해보도록 하는 것이다. 학생들이 추측한 값의 평균을 내면 대략적으로 정답에 가까운 수치가 나온다. 각 학생이 그 문제를 서로 다른 관점, 인지적인 유형, 기술, 전략에서 바라보는데, 그것들의 합의된 지점이 바로 평균이 되기 때문이다. 참고로 이런 방법은 한 가지로 답을 낼 수 있는 문제에만 효과가 있다. 예를 들어 어떤 단체에게 제품을 디자인하거나 소설을 쓰라고 요청하면, 아주 다양한 결과가 나온다.

그렇다면 이번에는 학생들이 유리병을 오로지 소셜미디어에 올라오는 사진으로만 볼 수 있다고 가정해보자. 그러면 젤리빈 개수에 대해 서로 다른 생각을 가진 여러 집단이 형성되어 서로를 조롱하려 들 것이다. 또 러시아 정보기관은 비슷한 유리병에 본래 사진과 다른 개수의 젤리빈을 개수를 채워넣은 사진을 유포하고, 젤리빈을 마케팅하는 사람들은 트롤들을 자극해서 젤리빈이 충분하지 않으니 더 많이 사야 한다고 주장하는 등 정신없는 상황이 연출될 것이다. 이런 상황에서 젤리빈의 개수를 추측할 방법은 더 이상 없다. 다양성의 힘이 사라졌기 때문이다. 그런 일이 벌어질 때 시장은 더 이상 세상에 효용성을 제공하지 못한다.

이 예에서 제시한 유리병은 정치 후보, 상품, 그 밖의 어느 것으로든 바꿔서 생각할 수 있다. 그렇게 되면 다른 문제들이 불거지는데, 그에 관해서는 뒤에서 버머가 진실과 의미에 접근하지 못하게 막는다는 주장을 펴면서 다룰 것이다.

지금 여기서는 우선 이 유리병이 소셜미디어를 통해 발현되는 당신의 정체성이라고 가정해보자. 그럴 경우 당신의 정체성은 버머에 의해 집단화된다. 스스로를 소셜미디어에 내놓음으로써 당신은 자신의 정체성을 지운다. 사람들이 각자의 힘으로 생각하고 판단한다면 그 추측들을 종합해 유리병에 든 젤리빈의 개수를 추측해내겠지만, 집단 사고의 틀에 갇혀 있을 때는 그런 방법이 효과가 없다.

물론 내면의 스위치가 '무리'에 맞춰져야 하는 상황도 있다. 그 대표적인 예로 군대를 들 수 있다. 그런 상황에서는 그것이 생존을 위한 유일한 방법이기 때문에 위계질서에 전적으로 따라야 한다. 그러나 문명사회에서는 가능한 한 그런 시기가 도래하지 않도록 하는 것이 주요 목표가 되어야 한다.

스위치가 '무리' 쪽에 맞춰져 있으면 자본주의는 실패한다. 시장에 거품이 생기고, 시장 실패시장에 맡겨 둘 경우 효율적 자원 배분이 불가 또는 곤란한 상태가 초래되기 때문이다. 물론 사업을 군대에 비유하기를 좋아하는 소수의 과격한 경영인들도 있다. 그들은 강인하고 가차 없는 사람이 되어야 한다고 다그친다. 그러나 스위치가 무리 쪽에 맞춰지면 세상을 보는 눈을 부분적으로 잃기 때문에, 만일 사업을 사회적 경쟁보다 훨씬 복잡한 현실로 규정한다면 스위치가 무리에 맞춰진 상태는 결국 사업에 이롭지 못하다.

사람들이 홀로 지내는 늑대로서 행동할 때에는 모두가 사회의 각기 다른 위치에 서서 나름의 방식으로 사고한다. 민주주의 선거도 마찬가지다. 선거는 사람들의 의견이 실제로 한데 섞이는 과정으로, 논쟁의 여지가 있을지는 몰라도 역사적으로 사회가 나아갈 길을 찾는 데 지금껏 도움을 주었다. 그러나 그런 기능은 오로지 스위치가 단독에 맞춰져 있을 때에만 가능하다. 스위치가 무리에 맞춰지면 민주주의는 실패한다. 자기편에만 표를 주고, 개인을 숭배하듯 떠받든다. 권위주의가 팽배하는 것은 모두 그에 따른 결과다.

얼핏 보면 모순적인 논리처럼 느껴질지 모르지만, 그렇지 않다. 집단의 의견을 모으는 과정은 참가자들이 개별 구성원으로 행동할 때 가장 타당한 결과를 낸다.

가장 강력한 마스터 스위치[5]

단독-무리 스위치 이론을 다들 믿는다는 가정 하에 이런 질문을 던져보겠다. 온라인에서의 어떤 경험이 스위치를 '무리' 쪽으로 바꿔놓을까? 가장 단순한 답이 정답이다. 바로 '단독에 맞춰진 설정의 장점이 사라졌을 때다.

단독의 늑대로 활동할 때, 당신은 사회의 시선과 무관한 더 큰 현실과 직면할 수밖에 없다. 마실 물과 추위를 피할 잠자리를 마련하지 못하면 당신은 목숨을 잃게 된다. 먹을 것을 찾아 사냥을 해야 한다. 그러면서 성격이 바뀐다. 집단의 지각에 관심을 기울이기보다는 자기가 직접 수집한 증거를 토대로 문제를 해결해야 한다. 자연히 과학자나 예술가적인 자질이 생긴다.

반면 무리 속의 늑대일 때, 사회적인 지위와 음모가 보다 넓은 차원의 현실보다 더 긴박한 문제가 된다. 그러면서 당신은 수완가, 정치인 혹은 노예에 가까운 모습으로 변한다.

그러므로 더 큰 현실과의 직접적인 접촉에서 분리되면 사회적 상호작용이 가장 중요한 문제가 되고, 내면의 스위치가 '무리' 쪽으로 전환된다.

자명한 사실임에 틀림이 없지만 이 이론의 증거도 주위에서 찾을 수 있다. 예를 들어 규모가 큰 소셜네트워크 중에 꼴통들이 가장 적은 곳은 링크드인이다.[6] 그렇다고 링크드인에 버머 문제가 전혀 없다는 말은 아니다. 비영리재단 타임 웰 스펜트 Time Well Spent의 공동 설립자인 트리스탄 해리스는 참여라는 명목으로 사회적인 불안을 이용한 사례로 링크드인을 콕 집어서 지목하기도 했다.[7]

숨김없이 밝히자면, 나는 링크드인과 직업상 관련이 있다. 그래서 객관적인 시각을 유지하는 데 부족함이 있을지도 모른다 (다만 개인적으로 링크드인 계정을 가지고 있지는 않다). 독자들은 내가 하는 말을 비판적인 생각 없이 그대로 받아들여서는 안 된다. 나 개인적으로 이해가 상충하는 입장에 있다고 고백한 이 순간은 그런 비판적인 생각과 판단을 적용하기에 좋은 출발점이다. 그러니 각자 스스로 생각하고 판단해보기 바란다!

어쨌든 내가 아는 링크드인 사람들은 아주 따뜻하고 친절하지만, 그건 트위터나 페이스북에 있는 사람들도 마찬가지다. 링크드인의 차이점이라면 사용자들이 사회적인 외양이 돋보이도록 경쟁하는 것 외에 무언가가(내실을 기하게 만드는 어떤 것이) 더 있다는 점이다. 링크드인은 경력을 넓히고 새로운 일자리를 찾을 때 도움을 받을 수 있는 곳으로 잘 알려져 있다. 이 사이트는 사람들을 조종해서 뭔가를 구매하게 만들거나 여타 행동 변화를 이끌어냄으로써 돈을 버는 것이 아니라, 구직자와 구인 업체를 연결해주는 서비스를 통해 주로 돈을 번다.

직업 경력은 생계 수단이 되는 물리적, 현실적 과정이다. 직업은 가상이 아니라 실제로 존재하는 것이며 대체가 불가능하다. 모든 일자리에는 고유의 가치가 있고, 일자리마다 사람이 꼭 필요하다. 링크드인 사용자들은 모두 똑같은 직업을 찾는 것이 아니기 때문에, 사용자들 간의 직접적인 갈등이나 정치적인 문제에 어쩔 수 없이 말려드는 일은 없다. 소셜미디어에서 성공하겠다는 열망으로 전 세계적인 경쟁에 뛰어드는 사람들에게는 인기 지수가 배정되지만, 링크드인 사용자들에게는 그런 것이 배정되지 않는다.

링크드인 사용자들은 사회적인 외양에 신경 쓰는 것 말고도 할 일이 있다. 그런데 사회적인 외양을 중시하는 그런 활동들은 꼴통을 양산하는 경향이 있다. 사람들 대부분은 선택의 여지가 있다면 꼴통이 아닌 사람이 되는 쪽을 선택할 것이다. 그런 선택의 여지를 만들려면 관심이나 단순한 심리적 보상을 구하는 것 외에 그 어떤 것이든 동기부여 단계를 많이 만들어야 한다. 그런 단순한 속성, 즉 심리전이 아닌 다른 중요한 관심거리가 온라인 환경을 개선시킨다.

이건 단순한 문제다. 지극히 현실적인 사안들(예를 들어 어떻게 먹고살 것인가)이 궁극적으로 인류를 결속시키고, 결과적으로 문명화시킨다.[8]

버머의 세계인 '버머랜드'에서는, 사람들이 내놓는 사소한 의견 하나하나가 전적으로 부정되고 무정하게 짓밟히는 경쟁으로 바뀌거나, 거짓으로 고상한 척 꾸미는 말이 되는 듯하다. 그런 현상이 가장 적나라하게 드러난 예로, 으뜸가는 소셜미디어 중독자이자 버머 중독자인 미국 대통령이 시도 때도 없이 누가 누구를 가장 철저하게 짓밟을 수 있는지, 혹은 누가 충성의 대가로 좋은 대접을 받는가를 겨루는 트윗 경쟁을 유도하는 상황을 들 수 있다.

선한 본성을 이끄는 곳으로 가라

물론 버머가 나오기 전에도 이 세상에 꼴통들은 있었다. 하지만 과거에는 꼴통이 되지 않기가 지금처럼 힘들지는 않았다. 버머의 영향력 하에 있을 때는, 번듯한 사람이 되기 위해 중력의 힘을 거슬러야 할 정도다.

　온라인이 꼴통 지상주의가 되어가는 문제는 단순히 버머를 사업 모델에서 버리는 것만으로도 쉽게 해결할 수 있다. 사람들이 온라인에서 하는 활동에 응당한 돈을 벌 다른 기회를 더 많이 만드는 것도 잠재적인 실천 방안의 하나다. 이런 의견은 소셜미디어가 경제를 망치고 있다는 근거를 드는 논점 9에서 자세히 다룰 것이다.

　우리에게 필요한 건 사람들이 꼴통이 되는 대신에 집중할 만한, 사회적 허세를 완전히 초월한 어떤 것이다.

　그와 동시에 우리 각자가 개인적으로 할 수 있는 일이 있다. 온라인 플랫폼에 참여할 때, 마음속에서 추잡한 어떤 변화가 느껴질 때, 가령 불안하고 자존감이 낮아지는 데다 비난하고 싶은 마음이 들고 누군가를 한 대 후려치고 싶은 기분이 든다면 그 플랫폼을 떠나라.

　최근 온라인에서의 집단 따돌림이 집중 조명되고 있는데, 당신도 혹시 온라인에서 따돌림이나 괴롭힘을 당한 적이 있을지 모르겠다. 실제로 많은 사람이 그런 일을 겪고 있다.

　그런데 나는 이런 부탁도 하고 싶다. 혹시 온라인에서 다른 누군가를 비난하고 싶은 유혹이 생기지는 않는지, 다른 사람들에게는 알리지 말고 은밀히 자기 마음속을 들여다보길 바란다. 물론 상대방이 먼저 싸움을 걸었거나 해코지를 했을 수도 있지만, 어찌 되었든 응대할 가치가 없다. 그저 플랫폼을 떠나면 된다. 상대방에게 모욕을 주기 위해 동영상을 올리거나 앙갚음의 트윗을 날리지는 마라.

만일 트위터가 내일 당장 서비스를 중단한다면 트럼프 대통령이 트위터를 사용하지 못하게 될 텐데, 내가 보기에는 분명 그가 더 선하고 훌륭한 모습을 꾸준하게 유지할 수 있으리라 믿는다. 최소한 그가 다른 종류의 버머 플랫폼을 시작하기 전까지는 말이다.

나의 이런 주장을 증명할 길은 없으며, 실제로 많은 사람이 내 주장에 이의를 품을 것이다. 그런 건 상관없다. 자기 자신을 들여다보라. 정말로 진지하게, 자기 스스로 원하는 만큼 친절하고 선한 사람으로 지내고 있는가? 언제 자신이 바라는 모습에 가깝고, 언제 짜증을 내며 경멸하는 성격이 나오는가?

당신의 성격은 당신과 관련된 가장 소중한 부분이다. 그런 소중한 것이 타락하도록 내버려두지 마라.

소셜미디어는
진실을
훼손한다

진실은 어디로?

진실이 힘을 잃었다는 말은 요즘 가장 흔히 들리는 문구다.[1] 그리고 그 원인으로 흔히 비난받는 대상은 소셜미디어와 소셜미디어에 중독된 어떤 대통령이다. '기술이 어떻게 진실을 붕괴시켰는가'와 같은 언론 기사가 워낙 많이 나와 있기 때문에,[2] 굳이 내가 덧붙여 설명할 필요도 없다.

이 책에는 소셜미디어가 어떻게 그리고 어째서 진실을 무너뜨리고 있는지 분석하고 있으며, 그 분석들이 바로 본문에서 제시하는 열 가지 논점의 핵심이다.

그뿐 아니라 앞서 설명했던, A에서 F에 이르는 버머의 부품들은 각기 다른 방식으로 진실을 훼손하고 있다.

A: 꼴통들이 진지한 담론을 소모적으로 배출한다. 꼴통들은 단독-무리 스위치를 무리 쪽으로 전환해서, 사람들이 사회적 지위 경쟁에 지나치게 집중하게 만듦으로써 그 밖의 모든 것, 더 넓고 근본적인 진실을 보지 못하게 만든다.

B: IT 기업들이 당신을 염탐하고 당신의 삶에 참견한다. 진실을 인식하려면 사람들에게 진정성이 있어야 한다. 그래야 무언가를 진짜로 인식할 수 있다. 이 원칙은 유리병에 든 젤리빈의 비유에서 설명했다. 염탐 기술로 인해 지속적으로 괴롭힘을 당하면 사람들은 진정성을 잃는다.

C: 의도한 내용을 자꾸 억지로 들이민다. 사람들이 접할 수 있는 것이 몇몇 부유한 기업이 파는 제품뿐일 때, 진실은 손실을 입을 수밖에 없다. 그렇게 손실된 진실이 바로 제품이다.

D: 전방위적 행동수정으로 사람들의 삶을 교묘히 조작한다. 대중을 중독시켜 상업적인 이윤을 창출하려고 하면, 그들은 당연히 진실에서 멀어진다. 그것이 바로 핵심이다.

E: 추하고 형편없는 이들이 은밀하게 타인의 행동을 수정하도록 내버려둠으로써 돈을 번다. 뒤에서 경제적인 측면의 논점을 다룰 때 설명하겠지만, 보통 경제적인 유인에는 규정, 정책, 선의의 의도를 능가하는 영향력이 있다. 그러다 보니 버머의 유인은 대개 진실을 냉대한다. 진실과 일치되지 않는 정도라면 가장 나은 수준이다.

F: 실존하는 사람처럼 행세하는 가짜 군중은 굳이 진실을 이야기할 이유가 없다. 어떻게 보면 이런 가짜 존재들에게는 진실이 자살 행위나 다름없을 것이다. 그런데 이런 가짜 사람들을 성장시키고 확대시킨 것이 바로 버머다.

'진실'이 실험으로 입증할 수 있는 주장이나 문서로 실제로 증명된 사건이어서 모든 사람이 공감하는 특성이라고 했을 때, 진실은 당연히 버머의 조작을 배척한다. 버머가 번성하려면 진실을 피해야 하고, 강압적으로 억눌러야 한다.

사람들이 가짜이면, 모든 것이 가짜가 된다

부품 F의 가짜 존재들은 버머의 모든 거짓된 속성의 줄기세포 격이다.

당신은 인공지능 플랫폼인 알렉사Alexa, 코타나Cortana, 시리Siri 같은 명백한 가짜 인간들 외에는 온라인에서 진짜 사람이 아닌 누군가와 상호작용한 적이 없다고 생각할지 모르지만, 분명히 그런 적이 있다. 그것도 아주 많이 말이다. 가령 온라인에서 물건을 구입하면서 좋은 상품평이 많이 달린 상품을 골랐던 적이 있을 것이다. 그런데 그런 상품평 중에 상당수는 지어내서 쓴 것이다. 또 검색엔진으로 병원을 찾을 때 가장 먼저 검색되는 병원들은 그 병원과 관계가 있는 위조자들이 개입했기 때문에 검색 상위 목록에 배치되는 것이다. 많은 사람이 검색한 인기 동영상이나 책을 보곤 할 텐데, 그 사람들 대부분은 가짜다. 화젯거리가 된 트윗은 봇 프로그램이 맨 처음에 그 트윗을 반복해서 리트윗했기 때문에 널리 알려졌을 가능성이 크다.

어린 시절에는 동료 집단이 우리에게 큰 영향을 끼치는데 사실 그런 현상은 어른이 된 후로도 평생토록 이어진다. 그래서 인터넷을 포함한 넓은 범위에서의 동료 집단에 당신을 조종하려는 목적으로 만든 가짜가 많이 섞여 있다면, 알아차리지도 못하는 사이에 그들의 영향을 받을 가능성이 크다.

이런 사실은 선뜻 받아들이기 힘들다. 하지만 사회적 인식의 중요성으로 인해 당신은 최소한 어느 정도는 가짜의 삶을 살아왔다. 버머는 당신을 부분적으로 가짜로 만든다.

당신이 할 수 있는 일이 어떤 것이든 봇은 눈 한 번 깜박할 순간에 그것을 수백만 번이나 할 수 있다. 가짜 사람들은 문화적인 서비스 봉쇄 공격DoS, 시스템 또는 서비스의 정상적인 운영을 방해하는 모든 행위이다.

서비스 봉쇄 공격에서는 해커들이 봇 부대를 앞세워 목표 사이트에 엄청난 양의 트래픽을 발생시켜서 누구도 그 사이트에 접속할 수 없도록 만든다. 이것은 몹쓸 놈들이 컴퓨터 바이러스를 이용하는 전형적인 방법이다. 몹쓸 놈들은 컴퓨터 수백만 대를 바이러스에 감염시키고, 공격 목표로 정한 사이트에 그 컴퓨터들이 한꺼번에 접속하게 만든다. 그리고 더 흔하게는 자신들의 그런 능력을 돈을 받고 서비스 상품으로 판다.

그와 마찬가지로 버머 플랫폼에서 활동하는 가짜 군중 부대는 그 공간 안에서 많은 양의 산소를 소모하고, 그들의 주인을 위해 세상을 조종해나간다.

가짜 군중은 대개 버머 플랫폼을 운영하는 사람들에 의해 움직여지는 것이 아니라, 새로운 유형의 암흑가에서 만들어진다. 게다가 요즘에는 위조 인간들을 파는 산업까지 생겼다.

『뉴욕 타임스』의 보도에 따르면, 2018년 초 트위터에서 최초 2만5000명의 가짜 팔로워를 모으는 데 225달러가 들었다.[3] 그 가짜 계정들은 실존하는 사람들의 자료를 조금씩 가져다가 만든 것이어서 얼핏 보기에는 진짜 같다. 연예인, 사업체, 정치인, 그리고 사이버 세계의 몹쓸 놈들처럼 현대적인 고객층 모두 '가짜 사람' 공장을 이용한다. 가짜 사람들을 만드는 회사들 역시 가짜인 경우가 많다. 실제로 『뉴욕 타임스』는 유명 봇 서비스 업체가 등록된 주소가 가짜라는 사실을 밝히기도 했다.

가짜 사람들이 아니었으면 존재하지 않았을 사이트들도 있다. 그중에서 가장 유명한 사례는 기혼자들을 위한 불륜 알선 사이트로 알려진 애슐리 매디슨Ashley Madison을 꼽을 수 있다. 전해지는 바에 따르면 이 사이트는 더 비싼 회원제 가입을 유도하기 위해 실존하지 않는 여성들을 이용해왔다고 한다.[4] 심지어는 논란을 일으켜서 홍보하려는 목적에서 자기네 사이트를

비난하는 사람들을 가짜로 만들었다는 혐의까지 받았다.[5]

규모가 큰 주요 버머 기업들조차 봇 프로그램을 이용하는 문제에 관한 한 완전히 결백하지는 못하다. 동물들에게 장내 세균이 필요한 것과 마찬가지의 공생관계가 존재하기 때문에, 주요 버머 기업들이 이런 가짜 사람들을 완전히 없애버리기는 힘들다. 부품 F는 버머 장치에 추진력과 공짜 에너지를 제공한다. 침입자들이 장치의 일부가 되는 것이다.

글로벌 IT 기업 모두가 가짜 계정들과의 전쟁을 벌이지만, 한편으로는 그들의 덕을 보기도 한다. 트위터에서 일하는 사람들은 감정적, 윤리적인 측면에서는 플랫폼에 봇이 전혀 존재하지 않기를 바라지만, 사실 봇은 트위터 서비스의 활기와 영향력을 증폭시키는 역할을 한다. 가짜 사회 활동이 엄청나게 많아지면 실제 사용자들이 영향을 받는다는 점은 사실로 밝혀졌다. 가짜 활동은 간접적으로 실제 사회적 현실을 만든다. 그런 가짜 활동이 돈이 된다는 뜻이다. 사람들은 그런 가짜 활동에 용케도 조종당한다. 기술 전문가들은 봇이 언론의 자유의 다양성을 증대한다느니 하는 터무니없는 주장들을 제시하면서 이 상황을 스스로 합리화하기도 한다.[6] 실은 봇이 진짜 사람들의 의견이 들리지 않도록 방해할 수도 있는데 말이다.

부품 F와 관련된 또 하나의 현상은 미국의 폭스 뉴스 같은 일부 전통 매체들이 불안정하고 편파적인 집단으로 바뀐 것이다. 참고로 '전통 매체'란 TV, 라디오, 신문을 지칭하는 실리콘밸리식 표현이다. 어째서 과거보다 전통 매체들의 영향력이 오히려 줄어든 지금 같은 소셜미디어 시대에 이런 현상이 이토록 압도적으로 나타나는 걸까? 많은 이유가 있겠지만 한 가지 분명한 이유는, 버머가 예전에는 생각할 수 없었던 것을 생각하게 만드는 사회적 분위기를 조장하는 데 이용될 수 있다는 점이다. 예를 들어 가장 어처구니없는 음모론은 버머에서 시작되고, 가짜 사람들에 의해 증폭된 뒤, 극도로 편파적인 전통 매체에 등장하곤 한다.[7]

그러므로 폭스 뉴스 채널처럼 극도로 편파적인 방송은 부품 F에 해당되는 것으로 생각할 수 있다. 전통 매체 상당수가 폭스 뉴스처럼 임시변통으로 짜맞춰져서 버머 장치의 일부가 된다.[8]

부품 F는 무시무시한 위력으로 버머 장치를 활성화하기 때문에, 상황을 개선해보려고 수정하고 변경하는 것은 거의 효력이 없다. 가령 미국의 규제 당국에서는 소셜미디어 기업들에게 광고비를 내는 주체가 누구인지를 공개하라고 요청한 적이 있다. 버머 장치에 동력을 공급하는 가짜 주체들이 셀 수 없이 많은 마당에, 그런 신원 확인이 어떤 의미가 있을지 누가 알 수 있겠는가?

버머에 손을 대거나 규제하려고 시도하면 봇 프로그램들이 그런 규제를 교묘히 피해갈 것이다. 그래서 버머 광고를 강력히 규제한다면 봇 프로그램들은 광고로는 더 이상 성취할 수 없게 된 임무를 수행하고자 영양가 없는 포스팅을 순식간에 엄청나게 많이 만들어낼지도 모른다.[9] 바로 이것이 버머가 이 세상에서 반드시 제거되어야 할 이유 중 하나다.

미국 상원 앞에서, 소셜미디어 기업의 변호사들은 사람 행세를 하는 가짜들을 가려낼 수 없다고 진술했다.[10] 가려낼 방법이 없기 때문이다.

이것은 블랙코미디다. 짐작건대 버머 알고리즘은 당신을 조종하려 하는 것과 마찬가지로 가짜 사람들을 조종하려 할 것이다. 하지만 봇 프로그램들은 당신과는 달리 면역성이 있다.

내가 지금 조롱하고 있는 가짜 사람들은 조종하려는 의도에서 대량으로 만들어진 가짜들이라는 사실을 명확히 해두어야겠다. 당신이 무엇을 진정한 것으로 생각하는지, 온라인에서 당신의 모습을 어떻게 만들고 표현하는지는 내가 평가할 영역이 절대 아니다. 나는 지금 진정성에 관한 개인적인 의견을 제기하는 것이 아니라 권력관계를 비판하는 것이다. 십대 청소년이 인스타그램 계정에서 자신의 모습을 가짜로 꾸몄다고 해서 그것이 무조건 나쁜 일이 되는 건 아니다. 자신이 속한 사회에서 일류 시민이 되려면 반드시 그 사회에서 통용되는 방식으로 배워야 한다. 만일 사회가 가짜 사람들을 기반으로 만들어진다면, 자기 자신이 가짜 사람이 되는 법부터 배워야 할 것이다.

살해하는 버머

버머로 인해서 생긴 피해의 상당 부분은 소셜미디어 계정을 삭제함으로써 되돌릴 수 있다. 하지만 버머에서 비롯된 사회적 진실의 손실은 버머와 직접적인 관련이 없는 사람들에게까지 피해를 준다. 이런 손실은 특히 정치 분야에서 두드러지게 나타나지만, 여기서는 공중보건과 관련된 문제를 예로 들려고 한다.

자식을 키우는 아버지의 입장에서 나는 내 딸이 예방접종을 제대로 해서 기본적인 면역력이 있는 아이들과 어울려 놀기를 바란다. 예방접종은 공익이자, 사람들이 서로에게 주는 선물 같은 것이다. 예방접종은 인류 역사상 가장 훌륭한 발명 중 하나라 할 수 있다.

내가 어릴 때만 해도 소아마비를 앓은 후유증으로 절뚝거리며 거리를 돌아다니는 사람이 많았다. 죽지 않고 살아서 그렇게라도 걸어다니는 사람들은 운이 좋은 것이었다. 돈이 많건 적건, 흑인이건 백인이건 상관없이 소아마비는 누구든 걸릴 수 있는 병이었다.

그런데 요즘에는 소아마비 환자를 거의 찾아보기 힘들다. 소아마비뿐만이 아니다. 반면 우리 부모님 세대는 수백만, 아니 수천만 명의 목숨을 앗아가는 전염병이 횡행하던 시대를 살았다.

전기, 수세식 변기, 우주 탐험은 모두 대단한 발명이지만, 나는 예방접종이 이 모두를 합한 것보다 더 뛰어난 발명이라고 생각한다.

하지만 부모들 중에, 특히 교육받은 중산층의 미국 부모들 중에도 자녀에게 예방접종을 하게 할 생각이 전혀 없는 사람들이 있다. 이들 중에는 좌익 성향도 있고 우익 성향인 사람도 있다. 이들은 예방접종이 그저 나쁘다고 생각하는 것이 아니라, 사악한 데다 이질적이며 기분 나쁘다고 믿는다. 이들은 예방접종을 하면 자폐에 걸릴 수 있다고 생각한다. 이들은 머릿속에서 이런 음모론을 절대 떨치지 못한다. 경제적으로 부유한 '교육 받은' 부모들이 말도 안 되는 위험한 생각을 퍼뜨린다고 어처구니없어하는 것을 보고, 내가 엘리트주의에 빠져 있다고 생각할지 모르겠다. 하지만 애초에 우리가 교육을 받는 이유는 위험한 허튼수작에 넘어갈 가능성을 줄이기 위함이 아닌가?

내가 이런 부모들을 만나서 설득해보려고 했을 때, 이들은 버머가 공급한 데이터를 내 앞에 제시했다. 이들은 날마다 봇 프로그램이 보낸 것으로 보이는 밈, 두려움을 자극하는 가짜 이야기, 클릭 미끼들을 챙겨 보고 있었다.[11] 실제로 이런 것들 중 봇을 통해서 생성된 내용이 얼마나 되는지는 아무도 정확히 모르지만 말이다.[12] 이런 피해망상과 거부의 분위기가 긍정적인 것이든 부정적인 것이든 관계없이 날마다 사회적 자극을 찾아다니는 버머 중독자들을 엄습했던 것이다.

돌아보면 지금껏 사회에는 허위의 기이한 파장이 늘 있었지만, 우리는 어쨌든 점차 진실의 길을 잘 찾아서 여러 편의를 누리게 된 지금 시대까지 발전해왔다. 하지만 최근 들어 상황이 달라졌다. 젤리빈이 든 유리병을 직접 조사해보려고 하지 않는 사람이 많아진 것이다.

지금과 같은 버머 시대에 사람들에게 닿는 정보는 사람들을 조종하는 데 능숙한 광고주와 권력에 눈이 먼 글로벌 IT 기업의 욕망이 획책에 말려들어 정신 나간 지위 경쟁에 빠져든 사람들의 필요와 맞물린 결과다. 그 말은 우리가 진실을 찾는 데 도움이 되는 사회적인 탐구의 과정에 진실성이 줄어들었다는 뜻이다.

사람들은 또래 집단의 피해망상 속에 무리 짓고 있다. 그렇게 되면 더 쉽게, 그리고 예측대로 흔들릴 수 있다. 그런 무리 짓기는 자동적이고 무익하며, 늘 그렇듯이 기이할 정도로 악의 없는 행동에서 비롯된다. 누군가가 글로벌 IT 기업 사무실에 앉아서 예방접종 반대 분위기를 전략적으로 만들기로 결정한 것이 아니다. 가령 햄스터에 대한 반감을 불러일으키는 이야기처럼, 그저 어떤 이야기든 만들어질 수 있다. 버머가 그런 음모론을 확대하는 이유는 그런 피해망상이 사람들의 관심을 집중시키는 데 효율적인 방법이기 때문이다.

오늘날 인간이 치명적인 전염병의 감소와 같은 혜택들을 누리게 된 것은, 기술을 사용하고 개발하는 생명체로서 우리 인간이 얼마나 많이 발전해왔는지를 증명한다. 힘들게 얻은 진실의 장점을 현재 일시적으로 거부하는 이들도 있기는 하지만 말이다. 우리 중 일부는, 건강이 자연의 상태라고 생각해서 사람들이 예방접종 없이도 건강해질 것이라고 추측한다.

공중보건 제도와 현대 의학은 인간의 수명을 두 배로 늘렸다. 두 배씩이나! 지금 우리 중 일부가 허튼소리를 믿고, 그 믿음에 우리 목숨을 걸기로 하는 것은 의도치 않았던 결과다. 적어도 한동안은 말이다.

기술의 발전에 따른 혜택을 장기적으로 누리려면, 우리는 개선된 안락과 안전이 위험한 환상으로 느긋하게 표류하지 않도록 할 방법을 찾아야 한다. 진실을 추구하는 매체가 생존을 위해 꼭 필요하지만, 이 시대의 지배적인 매체는 그런 역할을 전혀 하지 못한다.

내가 공중보건의 예를 든 건 부모 입장에서 느끼는 분노 때문이다. 이 일의 이면 깊은 곳을 보며 분개했다. 실리콘밸리 지평선까지 들어찬 나지막한 기술 사옥의 초록빛 창문 뒤에 앉아 열심히 일하는 많은 친구들이 아이들 사이에서 한때 완전히 근절됐던 질병을 되살리는 과정에 기여한다는 것을 깨닫고는 나는 불같이 분노했다.[13]

아이들을 구해야 한다. 그러려면 당신의 소셜미디어 계정을 없애라.

소셜미디어는
당신이 하는 말을
의미 없게 만든다

말은 전후 맥락 없이는 의미가 없다.

　얼굴을 맞대고 생활하는 일상에서는 일반적으로 전후 맥락이 분명하기 때문에 이런 단순한 사실을 잊기 쉽다. 만일 내가, "그만 좀 들러붙어라! 지금은 너한테 관심을 더 줄 수가 없어!"라고 말한다면, 무정하고 섬뜩하게 들릴 것이다. 하지만 순전히 자기에게만 관심을 쏟아달라고 내게 와서 애교 부리는 우리 집 고양이 루프(고고함과는 거리가 멀기 때문에, 고고하다는 뜻의 영어 얼루프aloof에서 따와 그렇게 이름 붙였다)에게 하는 말이라는 걸 알면 느낌이 달라진다.

　극단적인 상황에서는 이런 원칙이 더 분명해진다. 자동차 엔진룸에서 불길이 솟아나오는 걸 보고 "불이야!"라고 소리친다면 운전자의 생명을 구할 수도 있다. 하지만 실제로 불이 났든 안 났든 발 디딜 틈 없이 사람이 가득한 클럽에서 똑같이 "불이야!"라고 소리친다면, 사람들이 우르르 몰려나가다가 누군가가 깔려 죽게 만들 수도 있다.

온라인에서 우리는 우리가 하는 말이 어떤 맥락에서 받아들여질지 알아낼 능력이 거의, 혹은 아예 없다. 그 원리를 쉽게 이해하려면 극단적인 예를 떠올려보면 된다.

그것을 가장 확실히 증명하는 '극단적인' 다음 예시에서는 온라인에서의 의사 표현에 상당한 영향력이 있는 이들이 뭔가를 강제로 바꿀 수 있었던 경우다. 유튜브 광고주들은 다음과 같은 문제를 겪었다. 한동안은 비누 광고처럼 무해한 광고가 테러리스트 모집 공고처럼 끔찍한 동영상에 등장하는 일이 드물지 않게 있었다. 그런 일이 생기고서 광고주들이 항의하자, 그제야 구글은 테러리스트 동영상을 색출해 차단하기 시작했다.[1] 그리고 해당 광고주들에게는 피해 보상으로 돈을 지급했다. 광고주들은 실제 고객이므로, 자신들의 의견을 피력할 수 있었다. 하지만 버머로 인해 편성된 내용에 대해 보통의 인터넷 사용자들도 그만큼 강력하게 자기 의견을 제시할 수 있을까?

가장 흔한 극단적인 예는, 여성들이 온라인에서 자신의 생각과 느낌을 표현했을 뿐인데 자신들이 했던 말이나 영상이 성적인 내용으로 둔갑되거나 사람들을 조종하려는 목적의 활동에 동원되는 경우다. 온라인에서 여성들의 활동은 모욕, 수치, 희롱의 목적으로 흉측하게 변형되곤 한다.[2] 게이머게이트Gamergate, 2014년에 여성 게임 개발자 조이 퀸과 관련해 남성들이 음모론을 제기하면서, 온라인 인신 공격과 성희롱, 심지어 살인 협박까지 일어나는 등 사회적으로 큰 파장을 일으켰다처럼 세상에 이름이 알려진 여성들이 괴롭힘 당하는 사례는 벌써 오래전부터 있었지만, 이제는 평범한 어린 여성들에게까지 그런 일이 벌어지고 있다.[3]

이와 같은 극단적인 상황이 발생하는 이유는 다름 아니라 무언가를 표현할 때 그 맥락을 알 수가 없으며 그것이 남들에게 어떻게 전달될지 알아볼 확실한 방법이 없다는 것이 버머에서의 게임 규칙이기 때문이다.

이런 문제가 만연해 있다보니 이제는 공기처럼 그 존재를 거의 느끼지 못할 정도가 됐다. 우리는 문맥과의 연관성을 포기했다. 소셜미디어가 콘텐츠를 뒤섞어 의미를 만들기 때문이다. 그래서 우리가 하는 말의 맥락과 의미는 알고리즘, 특정 집단의 사람들, 알고리즘이 다른 사람들이 하는 말을 짜깁기해서 가짜로 만든 사람들 무리에 의해 정해진다.

그 누구도 자기 말이 남들에게 어떻게 받아들여질지 정확히 알 수는 없지만, 최소한 버머가 없는 상황에서는 어느 정도 타당하게 추측할 수 있다. 가끔 사람들 앞에서 강연할 때면 나는 청중에 맞춰서 전달하는 방식을 본능적으로 조절한다. 가령 금융시장 분석가들[4] 앞에서 말할 때와 고등학생들 앞에서 말할 때 이야기하는 내용이 달라진다. 이런 수정과 변화는 의사소통에서 통상적으로 나타나는 현상이다.

소셜미디어를 통한 담론은 사실 담론으로 볼 수 없다. 우리가 무언가를 말한 뒤에 그 담화의 맥락이 다른 누군가의 목표와 이익에 맞춰서 적용되기 때문이다.

그러면서 표현 내용도 바뀐다. 맥락이 플랫폼에 굴복할 때, 사람들 간의 소통과 문화는 하찮고 피상적이며 빤한 것이 된다. 예측 불가능한 맥락에서 짧게라도 살아남는 무엇인가를 말하려면 정신 나갈 정도로 극단적이지 않고서는 불가능하다. 그리고 그럴 수 있는 건 오로지 꼴통 같은 의사소통밖에 없다.

의미의 부조화

버머는 당신이 의도한 맥락을 버머의 맥락으로 바꿔 버린다. 알고리즘의 관점에서 당신은 이름이 아니라 숫자다. 즉 팔로워 수, 좋아요 수, 클릭 수, 혹은 버머 장치에 당신이 얼마나 기여하는가를 측정하는 다른 지표들이다.

디스토피아를 그린 SF 소설에서는 이름 대신 숫자로 사람을 부르는 사악한 왕국이 종종 등장한다. 현실 세계의 교도소에서도 죄수들에게 이름이 아닌 번호를 부여한다. 거기에는 이유가 있다. 이름이 아닌 번호로 불리는 건 전적으로 시스템에 종속된다는 의미다. 숫자는 자유, 신분, 개성의 축소를 공개적으로 입증한다. 내게는 이 사실이 특히 섬뜩하게 느껴진다. 나치 강제 수용소 생존자인 우리 어머니가 수용소에서 팔에 문신으로 숫자를 새긴 적이 있기 때문이다. 지금 같으면 돈이 너무 많이 들어서 일일이 문신을 새길 수 없을 것이다. 그저 숫자를 생체 정보와 함께 클라우드 서버에 저장했을지도 모른다.

소셜미디어 숫자 놀음을 즐기는 사람들에게는 이런 이야기가 너무 어둡고 무거울지 모른다. 그런 의미에서 나는 완전히 새로운 딜레마를 느낀다. 만약 사람들이 그런 시스템의 일부가 되기를 원한다면, "개인의 존엄을 지키기 위해 싸워야 한다"고 말하는 나는 무엇이 되겠는가? 내가 그런 말을 한다면 타인의 의사를 존중하지 않는 사람이 되지 않겠는가?

나는 방금 언급한 것 같은 딜레마 때문에, 이런 상황을 좋아하는 듯한 사람들(이를테면 소셜미디어 인플루엔서가 되려고 애쓰는 젊은이들)을 비판하고 싶지는 않다. 그 대신에 나는 숫자 지상주의라는 새로운 현실 속에서 지내면서도 숫자 이상의 존재가 되려고 애쓰는 사람들에 초점을 맞출 것이다.

뉴스 웹사이트 같은 콘텐츠 공급자들은 주로 버머를 통해서 사람들에게 발견된다. 그래서 그런 사이트들은 알고리즘과 대중에게 호감을 살 수 있도록 애써야 한다.

내가 최근 방문했던 한 뉴스 방송국은 마치 나사NASA의 관제실처럼 대형 스크린으로 가득했으며, 보도국 직원들이 작성한 글의 통계가 일일이 초단위로 업데이트되어 화면에 표시됐다. 기자들을 비롯한 제작자들은 '관심'을 최대로 끌기 위해 이 숫자들에 온통 주의를 기울이고 있는 듯했다. 이들은 자기 의지와는 관계없이 버머 장치의 부품이 된 것이다. 불쌍하다는 생각이 든다.

이런 문제는 최근 페이스북 피드와 관련해서 불거졌지만, 실은 버머 전체적인 부전不全이다. 이런 문제는 페이스북 피드가 만들어지기 전부터 이미 존재했다.[5] 페이스북이 피드에서 뉴스의 비중을 줄이겠다고 발표했으니 아마도 앞으로 상황이 조금은 나아질 것이다. 그렇더라도 버머 때문에 생긴 맥락 붕괴 현상이 즉시 뉴스에서 사라질 것을 기대하기는 힘들다. 뉴스가 맥락을 되찾으려면 사람들이 뉴스를 비非버머 시스템을 통해서 읽거나 봐야 할 것이다. 어떤 것들이 그런 시스템이 될까? 바라건대 사람들이 뉴스와 다른 콘텐츠 출처에 직접 접근할 방법을 만들어냈으면 좋겠다.

한편 언론이 통계의 강력한 영향력 하에 놓여 있는 상황도 많은 문제를 불러일으킨다. 클릭베이트clickbait, 인터넷에서 자극적인 제목이나 이미지 등을 사용해 가치가 떨어지는 콘텐츠의 클릭을 유도하는 행위가 너무 많아서 공개적인 담론의 수준이 떨어진다든지, 글을 쓰는 이들이 위험적인 시도를 해볼 공간이 없다든지 하는 익히 알려진 문제들이 있다.

버머 알고리즘은 계속해서 스스로를 최적화한다고 말했던 것을 기억하는가? 결국 고착 상태에 이르는 경우를 제외하고 말이다. 그 과정은 첫 번째 논점에서 설명했다. 기자들을 포함한 모든 사람이 버머를 최대한 활용하겠다는 생각에 피치 못하게 이런 최적화 게임에 뛰어들게 된다. 뉴스 공급자는 더 이상 결과가 나아지지 않을 때까지 계속해서 시스템을 수정한다. 그리고 같은 과정을 반복한다. 그 많은 클릭베이트가 서로 아주 비슷한 이유가 바로 거기에 있다. 클릭베이트를 최적화하는 방법은 이런 기이한 요령 한 가지밖에 없다.[6]

고착 상태에 이르게 되는 건 시스템을 수정하는 행위 때문이 아니라 버머의 환경 때문이다. 버머 바깥의 실제 세계는 시스템 수정 때문에 모든 사람이 똑같은 고착 상태에 놓이지는 않을 만큼의 복잡성과 미묘함이 존재한다. 피드백 자체는 이로운 수단이지만, 인위적으로 제한을 둔 온라인 환경에서 즉각적인 피드백을 지나치게 강조하다보니 이런 어처구니없는 결과에 이르는 것이다.[7]

같은 개념을 컴퓨터 밖의 틀에 담으면 이런 질문을 던질 수 있다. 내면의 소리에 귀를 기울이거나, 윤리와 아름다움을 추구하는 데 관심을 기울이는 것이 지금 이 순간에는 성과가 덜한 것으로 평가될지 모르지만 장기적으로 더 중요한 일의 바탕이 된다면 어떨까? 쓸데없이 모든 사람에게 관심을 갖는 것보다 중요한 몇 사람과 깊은 관계를 나누는 것이 더 중요하다면 어떨까?

그 외에 몇 가지 질문을 더 해봐야 한다. 우선 왜 숫자를 믿는가? 앞서 논의했듯이, 온라인 세계의 상당 부분은 가짜다. 가짜 독자, 가짜 댓글 작성자, 병원을 추천하는 가짜 글이 가득하다. 나는 인터넷을 보면서, 광고주들의 호감을 사려고 늘 애쓰는 뉴스 사이트들에서 광고가 포함된 것으로 추측되는 제품들과 관련된 기사(예를 들면 신형 게임기를 고르는 법에 관한 기사)의 조회수가 여타 주제를 다룬 기사의 조회수에 비해서 엄청나게 높게 표시되는 일이 흔하다는 사실에 주목하게 됐다.

그렇다고 이 사이트들이 조회수를 거짓으로 부풀리고 있다는 뜻은 아니다. 그보다는 아마 뉴스 사이트 관리자가 광고 유치를 위해 컨설팅 업체를 고용했기 때문일 터다. 의뢰받은 컨설팅 업체는 광고주를 끌어모으는 데 활용 가능한 사용 통계 관련 지표 선택을 최적화하는 알고리즘을 활용했을 것이다. 다시 말해서 사이트 소유자들은 의식적으로 날조하지는 않았지만, 자신들의 통계가 큰 틀에서 봤을 때 그런 편법에 쓰이는 것을 대략은 알고 있다.

그런 사이트들을 비난하지는 않았으면 좋겠다. 독립 뉴스 사이트들은 극소수에 불과하며, 아주 소중하다. 그 사이트들은 버머 때문에 막다른 지점까지 몰렸으며, 금세 무너질 수도 있을 정도로 위태로운 지경에 놓여 있다. 언론사들(특히 돈이 많이 드는 탐사 보도를 뒷받침하는 기업들)은 글로벌 IT 기업들의 대대적인 공격에 맞서서 민첩하게 새로운 사업 전략을 생각해내야 한다는 말을 지난 20년 동안 들었지만, 그 누구도 실효성 있는 조언을 제시해준 적이 없다.

그래서 요즘에는 뉴스가 그 어느 때보다 사람들의 주목을 받게 되었지만 뉴스 자체의 양은 오히려 줄어들었다. 버머가 계속해서 강박적으로 뉴스에 매달리는 가운데 미국에서 탐사 보도를 하는 지역 언론사는 전무하다시피 하다. 미국처럼 큰 나라에서 이제 몇 개 안 남은 언론사들이 무너지면, 자원과 영향력을 갖춘 독립 뉴스 편집실이 하나도 안 남는 상황에 이를지 모른다.

독자들의 관심을 끌 만한 기사를 쓰겠다는 의욕은 줄고 딱히 신뢰할 수도 없는 수적인 배분 체계에서 주목받아야 하는 처지에 놓이면서, 기자들은 기사와 맥락의 연결 고리를 잃어가고 있다. 기자는 이 시스템에서 성공할수록 자신이 쓰는 기사에 대해서 잘 모르게 된다.

거짓으로 꾸민 가짜 독자가 아니라 실제 독자들이라고 해도 알고리즘이 특정 콘텐츠로 끌고 가기 때문에 독자들이 순전히 자기 의지에 따라 선택하는 것은 아니다. 그런 식의 계산은 애초에 정당할 수가 없다. 당신이 누군가에게 갈 곳을 지시한 다음, 그 사람이 어디 갔는지 알았으니 당신이 새로운 사실을 발견했다고는 말할 수 없으니까 말이다. 이런 어처구니없는 해석은 이와 관련한 또 하나의 문제다. 세상 어디든 있는 이 문제는 공기처럼 그 존재를 인식하기가 힘들다.

하지만 이런 긍정적인 해석도 가능하다. 버머의 그늘 아래서 독립 언론사들이 곤란을 겪는다는 사실은 그런 언론사들이 온전하다는 신호다. 기자들은 성공적으로 소셜미디어 인플루엔서들보다 높은 수준을 유지해왔지만 그 과정에서 대가를 치렀다. 이제는 진정한 뉴스가 '가짜 뉴스'로 불린다. 버머의 기준에서는 진짜가 가짜이기 때문이다. 버머에서는 멍청한 숫자가 실제 현실의 자리를 대체한다.

팟캐스트 버머화 시나리오

맥락이 사라지는 이 미묘한 현상을 확인할 또 하나의 방법은, 온라인에서 최소한 아직까지는 문제가 아닌 상황과 비교해보는 것이다. 고유의 맥락이 아직 손상되지 않은 온라인 영역은(최소한 내가 이 글을 쓰는 2018년을 기준으로) 팟캐스트다. 팟캐스트에는 아직까지 버머의 영향력이 닿지 않았다.

팟캐스트 제작자들은 청취자에게 알려진 실제 인물이다. 팟캐스트는 단편적인 창작물이어서 나름의 개성과 맥락으로 만들어진다. 웹사이트나 동영상 같은 시각적인 콘텐츠는 이용자가 쉽게 원하는 곳을 마구 왔다갔다하면서 볼 수 있는 데 비해, 팟캐스트는 청취자가 앞뒤로 마구 옮겨가면서 원하는 대로 골라 듣기가 쉽지 않다. 그래서 청자가 팟캐스트를 듣는 경험은 누군가가 버머 피드를 사용할 때 나타나는 경험보다는 제작자가 본래 상상하고 계획했던 것에 가깝다.

더 분명히 느껴볼 수 있게, 팟캐스트를 망쳐놓는 방법을 한

번 같이 상상해보자. 부탁인데, 아무도 절대 이런 일을 벌여서는 안 된다. 약속했다!

어떤 형편없는 인간이 시중에 나와 있는 모든 팟캐스트의 내용을 모아 합성해서 새로운 '인공지능' 팟캐스트를 만드는 앱을 출시했다고 치자. 이 앱은 동일한 키워드가 담긴 수많은 팟캐스트의 정보 토막을 종합해서 제시한다. 가령 '정치권의 A라는 후보에 관한 의견을 듣고 싶다'거나 'B라는 연예인에 관한 의견을 듣고 싶다'고 요청할 수 있다.

그러면 해당 주제에 관해 속사포처럼 쏟아지는 의견을 들을 것이다. 그때 그 정보 앞이나 뒤에 어떤 내용이 있었는지에 관해서는 듣지 않게 된다. 관련 내용을 언급한 부분이 너무 빨리 지나갈 뿐 아니라 그 내용이 담긴 팟캐스트 수가 너무 많기 때문에, 팟캐스트 정보 토막을 잘라온 출처를 컴퓨터 음성이 밝히더라도 일일이 듣고 기억해둘 수가 없을 것이다.

팟캐스트 제작자들은 쉽게 뚝 잘라서 다른 것과 연결해 붙일 수 있는 재미있는 짧은 콘텐츠를 만들어내려고 애쓸 것이다. 그렇게 되면 의미 없는 멍청한 욕설, 잠복 공격, 기이한 비명과 웃음 같은 것이 많아질 것이다.

인공지능 연구원들은 팟캐스트 진행자의 목소리를 다른 진행자의 목소리로 바꾸는 기술을 자랑스럽게 선보일지 모른다. 그렇게 되면 팟캐스트 내용을 모두 자신이 원하는 배우의 목소리로 바꿀 수 있다. 이를테면 시사평론가 에즈라 클라인이

하는 말을 배우 길버트 갓프리드의 목소리로 들을 수 있게 되는 것이다.

뿐만 아니라 개인 음성사서함 메시지도, 단순히 전화 사용자의 음성사서함 이용을 늘리기 위한 목적에서 그런 식으로 바꿀 수 있다. 어쩌면 그런 사서함 메시지가 기본 서비스로 제공될지도 모른다.

아 참, 그리고 그 사이에 광고가 섞이게 될 것이다. 가령 당신의 배우자의 목소리로, 사물인터넷 센서가 달린 신형 의류가 나왔는데 이 의류는 당신의 몸 자세에 대한 정보를 누군지 모를 특정 광고 서비스 업체들에 보낸다는 설명이 흘러나온다. 정치에 관한 팟캐스트 에피소드들이 뒤섞여 나오는 가운데, 어떤 정치인이 피자 가게 지하에 아동 성매매 조직을 운영한다는 이야기가 흘러나온다.

트롤과 가짜 트롤 부대가 시스템을 이용해서 자신들이 만든 무자비한 내용의 팟캐스트 에피소드를 전체 목록에 섞으면, 앱을 통해 받아보는 팟캐스트 에피소드들은 더 이상 받아들일 수 없을 지경으로 불쾌한 내용이 될 것이다. 따뜻하고 정감 있는 내용조차 잔혹하고 피해망상과 분노를 불러일으키는 미치광이 같은 콘텐츠에 덧붙여지는 장식에 불과한 상태가 될 것이다.

혹은 당신에게 제시되는 팟캐스트의 총합이 필터 버블filter bubble, 소셜미디어 기업들이 제공하는 정보에 의존해 정보 편식을 하는 이용자들이 점점 자신만의 울타리에 갇혀가는 현상을 지칭하는 용어이 될지도 모른다. 그 안에는 당신이 동의한 목소리만 포함되지만, 사실 그 목소리는 실제 목소리가 아니다. 콘텐츠가 뒤섞여서 콘텐츠 조각들의 연속이 되는데, 그것은 청취자들이 공동으로 들을 수 있는 것의 캐리커처다. 유형이 다른 집합의 팟캐스트 모음을 듣는 사람과는 같은 세상에 산다고조차 볼 수 없다.

팟캐스트를 집적하는 앱은 AI 기술을 도도하게 자랑하는 '팟캐스트 메타-지니어스Podcast Meta-genius' 같은 이름을 쓰거나 아니면 아기처럼 귀여운 '파디트레이닝Poddytraining' 같은 이름을 달고 나올지도 모른다.

이런 가상의 시나리오가 기이하고 뚱딴지같이 들릴지 모르지만, 문자, 이미지, 동영상에 이미 어떤 일이 벌어졌는가를 생각해보라. '파디트레이닝'이, 소셜미디어 피드에 의존하는 사람들이 세상을 받아들이는 것과 크게 다르다고 할 수 있을까?

팟캐스트는 여전히 스토어와 구독에 의존하고 있다. 그래서 개인 대 '집단-알고리즘-배후의 조종자' 구도가 아니라 개인 대 개인 구조를 유지한다.

즐길 수 있을 때 팟캐스트를 즐겨라. 하지만 경계를 늦추지 않고 있다가, 혹시라도 팟캐스트가 그런 식으로 망쳐진다면 더 이상 팟캐스트를 만들지도 듣지도 마라. 지금으로서는 당신이 버머 괴물에 더 집어넣은 것의 의미와 당신이 가장 미약하게 연결되어 있다는 점을 기억하라.

소셜미디어는
공감 능력을
없앤다

이번 논점은 소셜미디어가 우리를 무의미한 사람으로 만든다는 앞선 논점의 이면이다. 소셜미디어는 다른 사람들도 의미 없는 것으로 만들어 남들의 사정을 잘 이해하지 못하게 한다.

기억하겠지만 버머의 부품 C는 '의도한 내용을 자꾸 억지로 들이밀기'이며, 우리가 어떤 내용을 보게 되는지를 버머가 결정한다는 뜻이다. 그 말은 다른 사람들이 무엇을 보는지를 당신이 알 수 없다는 의미가 된다. 부품 C가 사람에 따라 각기 다른 결과를 산출하기 때문이다. 다른 사람들의 세계관이 버머의 영향을 얼마나 받았으며 한쪽으로 얼마나 많이 치우쳐 있는가를 알아볼 길이 없다. 이러한 문제가 발생하는 데에는 개별 맞춤화된 검색, 피드, 스트리밍 같은 것이 작용한다.

과거에 어떤 행동주의 학자가 실험실 동물 우리에 개들을 세워놓고 개가 어떤 행동을 할 때마다 그 행동의 유형에 따라서 먹을 것을 주거나 전기 충격을 가했다고 하자. 이런 실험이 기대한 효과를 내려면 반드시 개들에게 행동 유형별로 정해진 자극을 주어야 한다. 만일 자극 전달 과정에 혼선이 생겨서 개들이 중간중간에 엉뚱한 자극을 받는다면 이런 실험은 제 기능을 못 할 것이다.

버머 플랫폼을 사람에게 사용할 때도 마찬가지다. 다만 사람은 실험동물처럼 우리에 갇혀 있는 것이 아니어서 사회적 지각 social perception에 결정적으로 의존하기 때문에, 자극의 영향이 개보다 훨씬 강력하게 미친다.

사회적 지각에 의존한다는 말은 행동 방향을 결정할 때 다른 사람의 반응을 살핀다는 뜻이다. 예컨대 주위 사람들이 모두 초조해하고 있다면, 필시 무슨 일이 생긴 것이기 때문에 당신도 초조해진다. 다른 모든 사람이 긴장 없이 편안하게 있으면 대체로 당신도 편안한 마음으로 있게 된다.

실제로 내가 어릴 때 유행하던 장난 중에 사람들이 있는 곳으로 가서 아무 말 없이 하늘을 쳐다보는 장난이 있었다. 하늘에 아무것도 없었는데도, 한 사람이 그렇게 하면 다른 사람들이 모두 따라서 하늘을 쳐다봤다.

언어가 통하지 않는 나라로 여행을 간다면 사회적 지각이 어떤 것인지 더 확실히 느껴볼 수 있다. 말이 안 통하는 곳에 가면 다른 사람들이 보고 행동하는 그대로 따라하게 된다. 남들의 행동을 주목하는 것이 무슨 일이 벌어지고 있는지 알아볼 유일한 방법이기 때문이다. 한번은 타이에 있는 어떤 밀림지역에서 사람들이 한쪽을 쳐다보며 경계하기에 나도 그쪽을 쳐다봤는데, 그 순간 난데없이 군용 지프차들이 나타나 쏜살같이 달려왔다. 나는 차들이 지나가기 직전에 가까스로 길목에서 물러섰다. 사회적 지각이 내 목숨을 살린 것이다. 사회적 지각은 인류 역사에서 지금껏 생존의 바탕으로 작용했다.

그런데 사람들이 모두 다른 자기만의 세상을 보고 있을 때는 서로 간의 이런 역할의 의미가 없어진다. 버머 플랫폼을 벗어나서 실제 현실을 지각하는 능력이 떨어지는 것이다.

특히 최근에 그런 조짐이 많이 나타난다. 예를 들어 피자 가게 지하에 아동 성매매 조직이 있다는 인터넷에 떠도는 정신 나간 소문을 믿고 어떤 사람이 피자 가게에 총기를 난사한 일도 있었다.[1] 세일럼 마녀사냥1692년 매사추세츠주 세일럼 빌리지에서 마녀재판으로 185명이 체포당하고 25명이 목숨을 잃은 사건을 촉발했던 집단적인 광기처럼, 버머가 있기 전에도 사회적인 광기에서 비롯된 잘못된 믿음은 있었지만 오늘날처럼 극단적인 사건의 발발은 드물었다. 이런 잘못된 사회적 지각이 확산 속도, 터무니없음의 정도, 규모 면에서 엄청나게 증폭돼서 이제는 광적인 믿음에 빠진 그런 사람들이 우리와 같은 현실 세계를 살고 있다고 믿기 힘들 정도다.

이것은 우리도 모르는 사이에 교묘히 나타난 명백한 문제들 중 하나다. 공적인 공간이라는 차원이 사라졌으며, 공통성은 전반적으로 아주 미약해졌다.

다음과 같은 사고 실험을 해보면 지금 상황이 얼마나 기이한지를 확실히 느낄 수 있다. 만약 위키피디아가 인터넷 사용자별로 비밀 데이터 프로필을 만들고, 그 프로필을 토대로 사용자마다 다른 종류의 정보를 제시한다면 어떻게 될까? 트럼프에 찬성하는 사람과 반대하는 사람이 완전히 다른 위키피디아 페이지를 보게 되는데, 어떻게 다르고 왜 다른지에 대한 설명은 전혀 없는 식이다.

이런 상상이 기괴하거나 디스토피아를 묘사한 것 같아 보일지 모르지만, 실제로 버머 피드로 우리가 보는 내용이 이와 비슷하다. 버머 플랫폼에서 우리는 개인별로 선택된 콘텐츠와 맞춤형 광고를 받아보는데, 내용이 얼마나 많이 수정됐고, 왜 그렇게 수정됐는지는 알 수가 없다.

이 문제는 공적인 공간과 관련해서도 생각해볼 수 있다. 스마트폰을 보고 있지 않은 사람들과 같은 공간에 있을 때, 그 공간에서 모두 함께하게 된다. 다른 사람들과 경험의 기반을 공유하는 것이다. 이것은 대단히 의미 깊은 느낌으로 우리가 동호회에 들고, 스포츠 경기를 관람하고, 예배나 미사 같은 종교 의식에 참석하는 가장 큰 이유다.

그러나 사람들이 모두 자기 휴대전화에 집중해 있으면 다른 사람들에게 무슨 일이 있는지를 느끼기 힘들어진다. 사람들이 경험할 내용은 멀리 있는 알고리즘이 계획하고 만든다. 휴대전화를 치우지 않으면 그 공간에 함께 있는 사람들이 침해되지 않은 공통성을 만들어 나가기가 힘들다.

경험의 공유가 가능했던 과거 시절의 흔적은 지금까지 남아 있다. 오늘날에도 자신과 성향이 비슷한 사람들(혹은 비슷하지 않은 사람들)이 즐겨보는 텔레비전 뉴스를 시청할 수 있다. 나는 폭스 뉴스 채널이 지나치게 피해망상적이고 편파적인 데다 괴팍한 것 같아서 별로 마음에 안 들지만, 그래도 가끔 폭스 뉴스를 챙겨 본다. 그러면 다른 사람들이 어떤 생각과 느낌을 갖고 있는지 조금 더 잘 이해할 수 있다. 나는 그런 능력을 소중히 여긴다.

하지만 내가 다른 사람의 소셜미디어 피드를 볼 수는 없다. 그러다보니 다른 사람들의 생각과 기분을 공감하는 능력이 줄어들었다. 서로를 이해하기 위해 모두가 반드시 같은 것을 봐야 하는 건 아니다. 모든 사람이 똑같은 것을 보도록 만들려고 애쓰는 건 과거의 독재 정권들이 했던 일이다. 그렇지만 최소한 다른 사람들이 보는 것을 엿볼 수는 있어야 한다.

공감^{2}은 온당한 사회를 이끌어나가는 데 필요한 연료다. 공감이 없으면 딱딱한 규칙과 권력 경쟁만이 남을 것이다.

'공감'이라는 용어가 첨단 과학 마케팅에 등장하게 된 데에는 내 책임도 있을지 모른다. 내가 1980년대에 가상현실VR을 소개하면서 공감의 도구라는 표현을 쓰기 시작했기 때문이다. 나는 기술이 공감의 도구가 될 수 있다고 여전히 믿는다. 만약 더 나은 미래사회에 더 나은 기술이 조금이라도 발전된다면, 공감도 그 일부일 것이다.

하지만 버머는 바로 그런 공감 능력을 손상시키는 쪽에 맞춰져 있다.

디지털 때문에 생긴 사회성 마비

버머를 우려하는 사람들이 흔히 제기하는 정당한 비판 중 하나는, 버머가 '필터 버블'을 만든다는 것이다.[3] 버머는 우리 마음을 어루만지듯, 보통 우리 견해를 뒷받침하는 내용을 보여준다. 알고리즘의 계산에 따라서 자신과 상반되는 견해가 대단히 눈에 거슬리는 방식으로 제시되는 경우도 있지만 말이다. 이처럼 버머 알고리즘은 기분을 달래든 반대로 무참히 공격하든, 사람들의 관심을 집중시킬 최선의 방법을 사용한다.

우리는 함께 어울리며 최대한 참여할 수 있는 집단 쪽으로 이끌려 들어온다. 버머 알고리즘은 본질적으로 사람들을 울타리 안으로 끌어들이려고 한다. 하나의 집단을 참여시키는 것이 한 번에 한 사람씩 참여시키는 것보다 훨씬 효과적이고 경제적이기 때문이다.

(그런데 앞서 논의했듯 이럴 때는 '참여'가 아니라 '조종'이라는 용어를 써야 한다. 이 모든 일이 사람들의 행동을 바꾸기 위해 버

머 기업에 돈을 내는 정체 모를 제3자의 서비스에 의해 일어나기 때문이다. 그게 아니라면 이들이 무엇 때문에 돈을 지출하겠는가? 페이스북이 그것 외에 무엇으로 수십조 달러의 매출을 낸다고 말할 수 있겠는가?)

표면적으로 필터 버블은 우리가 좁은 시야로 세상을 보도록 만들기 때문에 나쁘다. 하지만 이런 필터 버블이 예전에는 아예 없었을까? 버머가 없었던 시절에도 정치계에서 인종주의자에게 '개 호각(즉 특정 집단을 겨냥한 정치적인 메시지)'을 교묘히 활용했던 것처럼 해롭고 불쾌한 사회적 소통 방식이 존재했다.

예를 들면 1988년에 미국 대통령 선거 당시, 정치인들이 유권자들의 잠재된 인종주의를 불러일으키기 위해 교도소에 복역 중이던 흑인 범죄자 윌리 호턴이 잠시 출소했을때 저지른 범죄 내용을 정치 광고에 이용한 사례가 있다. 하지만 이때는 모든 사람이 동일한 광고를 봤기 때문에, 당신이 인종차별주의에 강력히 반대하더라도 어째서 다른 누군가가 인종차별적인 방식으로 반응하는가를 이해할 수는 있었다.

하지만 이제는 인종주의를 자극하는 그런 광고를 예전처럼 볼 기회가 없다. 정식 뉴스가 아니지만 인터넷 사용자의 뉴스 피드에 소위 암흑 광고dark advertising가 나타나기 시작했기 때문이다.[4] 페이스북을 통해 확산된 극단주의적인 정치 광고들은 2016년 미국 대선에서 벌어진 일에 대한 법정 조사가 있고 나서야 실체가 알려졌다.[5] 페이스북은 이런 광고가 노골적이고 해롭다는 사실을 직시하고 위해성을 줄일 계획을 발표했다. 다만 이 글을 쓰는 시점을 기준으로 이런 정책은 아직 유동적이다.

페이스북 내부 사람들이 아니고서는(어쩌면 심지어 내부 직원들조차) 이런 암흑 광고나 이와 비슷한 유형의 메시지가 얼마나 빈번하며 효과적인지 알 수 없지만,[6] 알고리즘으로 피드를 조작해서 사용자 눈에 띄게 만들지 않는 한, 어떤 내용을 사람들에게 알리기 힘들다는 근시안적인 견해가 널리 퍼져 있다.

나는 노골적으로 전달되는 암흑 광고보다 알고리즘으로 피드를 교묘하게 조절하는 것이 더 두렵다. 예전에는 수백만 명에게 개별 맞춤형 메시지를 즉시 보낸다는 게 불가능했다. 자신이 지속적인 감시 하에 있다는 사실을 의식하지 못하는 사람들을 면밀히 관찰하고, 수집한 피드백을 기초로 개별화된 메시지들을 시험해보며 계획을 세우는 것도 불가능했다.

예를 들어 어떤 특정한 날에 누군가의 인물사진 주변에 특정한 서체의 문구를 사용할 경우 사진 속 인물에 대한 신뢰가 조금 떨어진다는 사실이 밝혀질 수도 있다. 같은 날에 불편한 주제를 다룬 어떤 인기 동영상에서 그 서체가 쓰였던 건지도 모른다. 하지만 그 서체에 어째서 그런 영향이 있는지는 아무도 정확히 알 수가 없다. 그런 영향은 모두 통계적으로 나타날 뿐이다.

결과적으로 시간이 흐르면서 사람들의 행동에 미묘한 변화가 나타난다. 그 작은 변화는 돈에 이자가 쌓이듯 차츰 쌓인다.

이것이 바로 버머 기업의 기술자들이 아무리 좋은 의도를 가지고 있더라도 버머가 부족주의를 부채질하고 사회를 분열시킬 수밖에 없는 이유 중 하나다. 버머 프로그램을 자동으로 최적화시키기 위해, 버머는 찾을 수 있는 모든 노골적인 부족주의와 인종주의를 자연스레, 자동적으로 포착한다. 모든 사람의 마음에 내재된 이런 심리는 이를테면 신경이 반응하는 해시태그 같은 것으로, 주의집중을 독점하려는 목적에 활용된다. (이에 관해서는 소셜미디어가 사회 개선을 좌절시킨다는 논점에서 더 자세히 다룰 것이다.)

이렇게 되면 우리 자신의 세계관이 왜곡되는 데 그치는 것이 아니라, 타인의 세계관에 대한 이해까지 낮아진다. 개별적으로 조종당하는 다른 집단들은 우리가 접근할 수 없는 영역에 있다. 우리 경험을 유도하는 알고리즘이 모호하듯이, 다른 이들의 경험도 우리 입장에서는 모호하고 불분명하다.

지금과 같은 상황은 완전히 새로운 국면이다. 우리가 보는 세계의 모습은 우리를 제대로 이해하지 못하는 다른 사람들에게는 안 보이고, 그 역도 마찬가지다.

마음 이론의 상실

다른 사람에 대해 알아가는 과정에서 그가 경험한 것들을 그

의 일부로 이해하고 이론화하는 능력을 '마음 이론theory of mind'
이라고 부른다. 마음 이론이 있으면 다른 누군가의 머릿속 생각
의 흐름을 자신의 머릿속에 이야기로 펼쳐낼 수 있다. 마음 이
론은 모든 존중과 공감의 핵심이며, 지적인 협력, 정중함, 유익한
정치의 전제 조건이다. 이야기가 존재하는 것도 이 때문이다.

'사람을 판단하기 전에 우선 그 사람의 입장이 되어보라'는
말도 있다. 상대방이 어떤 경험을 했는지 털끝만큼도 모르면서
상대방을 이해할 수는 없다.

대부분의 동물은 마음 이론 없이도 그럭저럭 지낼 수 있지
만 사람에게는 마음 이론이 필요하다.

다른 누군가의 행동만 관찰할 수 있을 뿐, 그 행동에 영향을
미친 경험은 볼 수 없다면 그 사람에 대한 마음 이론을 세우기
힘들어진다. 예를 들어 누군가가 다른 누군가를 때리는 모습만
봤는데 그가 아이를 보호하기 위해 그랬다는 것을 알지 못했다
면 봤던 것을 잘못 해석할 수 있다.

마찬가지로 다른 누군가가 보는 암흑 광고, 그를 둘러싼 수
근거림, 무정한 밈, 어리석기 짝이 없는 내용이 가득한 맞춤형
정보들을 못 봤다면, 당신 눈에는 그 사람이 그저 미친 사람처
럼 비칠 것이다.

그것이 현재의 새로운 버머 세계. 버머가 서로의 마음을
읽을 여지를 빼앗기 때문에 우리는 서로의 눈에 미친 사람으로
비친다.

심지어 다른 사람들의 경험이 스마트폰이나 블랙박스 카메라에 고스란히 포착됐을 때조차 버머는 보편성을 손상시키기에 충분한 잡음을 만들어낼 수 있다. 버머가 초래한 불분명성은 온라인에 늘 존재한다. 경찰이 총을 쏘기 직전의 상황이 동영상에 담겼더라도, 버머는 그 동영상을 편집하고 오버레이_{한 영상 위에 다른 영상을 겹치는 것}해서 사실관계가 모호해진 편집본을 사람들이 업로드하게 만든다. 결국 공감 받을 수 있던 기회는 잡음에 패하고 물러난다.

우리 눈에는 트럼프 지지자들이 미친 사람들로 보이지만, 그들은 진보주의자들이 미친 사람들 같다고 말한다. 그렇다고 사이가 완전히 벌어져서 서로를 이해할 수 없게 된 것은 아니다. 그저 다른 사람들이 무얼 보는지 알 기회가 유례없이 줄어들면서, 서로를 이해하기 힘들어진 것뿐이다.

물론 다른 사람들이 많이 접하는 일반적인 내용을 일부나마 모니터할 수는 있다. 예컨대 나는 보수주의자들의 뉴스 사이트를 챙겨본다. 그리고 상대방에게 그런 의지만 있으면 나와 견해가 다른 사람들을 직접 만나거나 대화를 나누려고 늘 노력한다.[7] 레딧에는 순전히 이런 측면에만 치중하는 훌륭한 커뮤니티도 있지만,[8] 혼돈의 도가니에 파묻혀서 그 목소리가 멀리까지 퍼져나가지는 못한다.

다른 누군가에게 전달되는 내용을 내가 추측해볼 수 있지만 그사이에 얼마나 큰 간극이 존재하는지조차 확인할 길이 없다.

이 시대의 불투명성이 어느 정도인지 그 자체가 불투명하기 때문에 더 심각하다. 나는 투명한 사회를 만들겠다는 의도로 인터넷을 구축했던 시대를 여전히 기억한다. 그런데 그 반대 상황이 벌어지고 말았다.

소셜미디어는
당신을
불행하게
만든다

왜 인기 있는 트윗 중에는
'슬프다'는 말로 끝맺는 것이 많을까?

버머 기업들이 내세우는 밝고 거창한 명분은 친구 관계를 넓히고 세상을 연결한다는 것이다. 하지만 과학은[1] 진실을[2] 폭로했다.[3] 연구에 따르면[4] 세상은 예전보다 더 잘 연결된 곳이 아니라[5] 고립감이 더욱 강렬하게 느껴지는 곳이 됐다.[6]

이러한 패턴이[7] 아주 분명해져서,[8] 소셜미디어 기업들이 발표한 논문들조차 소셜미디어가 사람들을 슬프게 만든다고 밝히고 있다. 페이스북의 연구원들은 사실상 자랑에 가까운 어조로[9] 페이스북은 사람들이 왜 그런지 알아차리지 못한 상태로 슬픈 기분을 느끼게 만들 수 있다고 밝혔다.[10]

그들은 왜 그것을 중대한 연구 결과로 홍보하는 걸까? 그런 사실이 밝혀지면 페이스북의 브랜드 이미지가 손상되지 않을까? 진짜 고객들, 다시 말해 사람들을 조종하는 기능을 활용하고 돈을 내는 사람들에게 효과를 공개적으로 알릴 좋은 기회이기 때문이었을 것이다. 조종당하는 대상인 당신은 그들 입장에서 고객이 아니라 상품이다.

최근에는 페이스북 연구원들이 그들의 상품이 실제로 해를 끼칠 수 있다는 외부 연구 결과를 마침내 인정했다.[11]

내 마음을 아주 불편하게 만드는 건, 이런 문제를 제기할 때마다 "물론 우리는 사람들을 슬프게 만든다. 하지만 우리는 세상에 해로운 일보다는 이로운 일을 더 많이 한다"는 식으로 답하는 소셜미디어 기업들의 태도다. 그들이 자랑하는 이로운 일이란 본래 인터넷이 가지고 있는 특성으로, 버머처럼 나쁜 기능이 없이도 충분히 가질 수 있는 것들이다. 사람들이 서로 연결되는 건 물론 좋은 일이지만,[12] 왜 우리가 그런 연결의 대가로 제3자에 의한 조종을 감내해야 하는가? 진짜 중요한 사안은 연결이 아니라 조종이기 때문이 아닐까?[13]

이 장의 시작부에 인터넷에서 사람들과 연결되는 경험이 우리를 행복하게 만들 수 있는데도 소셜미디어가 사람들을 불행하게 만들고 있다는 사실을 뒷받침하는 참고 자료 몇 가지를 소개했는데, 자료는 그것 말고도 어마어마하게 많다. 한번 직접 찾아보기 바란다. 다만 그런 자료를 인터넷으로 검색하면 피드에 그 영향이 전달되어서 '잠재적으로 우울해질 수 있는 사람'

으로 분류될지도 모른다(뚜렷한 분류가 아니라 암시적, 함축적인 분류로 작용한다). 그렇게 되면 온라인 조종자들이 자동으로 그 기회를 파고드는 알고리즘을 활용해서, 당신이 우울한 기분을 느끼도록 만들 수도 있다.

주석으로 달아놓은 논문들을 읽어보면 소셜미디어가 사람들을 우울하게 만든다는 논지를 뒷받침하는 연구 결과들을 찾아볼 수 있다. 그에 덧붙여 그 이유가 무엇인지, 예를 들면 아름다움이나 사회적 지위에 관한 기준이 터무니없게 높게 설정되어 있다거나, 트롤들에게 공격받기 쉽다든지 하는 다양한 추측도 찾아볼 수 있다.

어째서 이렇게 다양한 추측이 나올까? 사람들을 괴롭히는 건 단 한 가지 아닐까? 버머 사업 모델의 핵심 전략은 사용자들의 참여 최대화를 목표로 시스템이 자동 조절되는 것이다. 사람들의 주의를 끌어모을 때 부정적인 감정을 자극하는 방법이 가장 손쉬우므로, 그런 시스템은 분명 사람들을 기분 나쁘게 만들 방법을 찾으려 들 가능성이 크다. 그리고 우울함 사이사이에 매력적인 요소들을 조금씩 배치할 것이다.[14] 보상이나 처벌을 따로 한 가지만 줄 때보다는 보상과 처벌을 섞어서 제공해 그 차이를 명확히 느끼게 만드는 것이 효과적이라는 사실을 자동조절 시스템이 알기 때문이다.[15] 중독의 대상이 무엇인지에 관계없이 중독은 삶에서 기쁨을 느끼는 능력이 약해지는 증상인 쾌락불감증anhedonia과 관련이 있으며, 실제로 소셜미디

어 중독자들은 장기적인 쾌락불감증을 흔히 겪는다.[16]

버머는 물론 당신을 불행하게 만들 것이다. 그런데 어떤 방법으로? 말할 것도 없이 당신에게 딱 맞는 유형의 불행이 전달될 것이다. 버머 기업 운영자들이 당신이 무엇에 낙심하는지를 알아야 할 하등의 이유는 없다. 그런 건 당신 자신만이 알아야 할, 그 무엇보다 사적인 부분이다. 사람들은 소셜미디어를 통해서 보고 들어 알게 된 다른 사람들에 비하면 별로 매력적이지도, 성공하지도 못한 것 같아 종종 초조해한다. 스스로도 시스템을 통해 저 멀리 있는 누군가에게 똑같은 불안함을 안기고 있음에도 말이다.

연구들을 살펴보면 불행이 일어나는 형태에는 일정한 추세가 있다. 불행이 찾아드는 과정을 이런 식으로 추측해볼 수도 있다. 우선 섹스 상대를 찾는 앱을 사용하는 시간에 비례해서 섹스 시간이 줄어들지도 모른다.[16] 앉아서 손으로 휴대전화 화면을 넘기는 데에 빠져 있기 때문이다. 또 소셜미디어에 올리는 가족 일상의 매력적인 이야기가 늘어날수록 그만큼 가족들과는 짧은 시간을 보낼지도 모른다.[17] 여성들은 소셜미디어 사용에 비례해서 자해의 위험이 높아지기도 한다.[18] 소셜미디어를 사용하면 충격적인 경험으로 인한 상처가 더 깊어질 수도 있다.[19] 자기 자신을 내세워 표현하는 와중에도 한편으로 오히려 자존감이 감소하기도 한다.[20]

이런 식으로 추측해볼 수는 있지만, 그것이 지금 내가 내세우는 접근 방식은 아니다. 나는 독자들을 개인적으로 알지 못한다. 이런 연구는 통계적인 추세를 알려줄 뿐이며 당신은 그 통계의 예외일 수도 있다. 당신에게 어떤 원인이 작용하는지를 추측하는 것은 내가 손을 델 영역이 아니다.

버머가 불러오는 잘못된 결말

그 대신에 내가 여기서 깊이 파헤칠 내용은 어째서 내가 특정 온라인 프로그램(대부분의 소셜미디어가 이에 해당된다)이 나를 불행하게 만든다고 판단하게 됐는지에 관한 것이다. 그런 불쾌함은 버머가 나를 종속적인 위치에 데려다놓았다는 점에서 앞서 제기한 모든 논점들과 관련이 있다. 이런 상황은 구조적으로 굴욕적이다.

내 기분을 상하게 만드는 건 어떤 특정한 표면적인 양식(모두 실제 삶보다 더 부유하고, 행복하고, 아무 어려움 없는 듯 포장하는 듯한 상황)이 아니라 버머의 핵심 시스템 그 자체다. 나는 중독되고 조종당한다는 사실이 불쾌하다. 그런데 그게 전부가 아니다. 버머는 불공정하고 비열한 경쟁에서 아무런 중요한 목적도 없이 남들에게 평가받는 기분을 느끼게 만든다.

나는 이런 언짢은 기분을 초창기 소셜미디어 프로토타입 prototype이 나왔던 1980년대에 처음으로 느꼈다. 유즈넷Usenet

같은 초기 네트워크 서비스를 사용하고 나서 기이하고 낯선 공허함이 찾아왔다. 내가 느낀 감정은 어린 시절 이후로는 느끼지 못했던 불안감, 기준을 충족시키지 못할까봐 걱정하는 마음, 거절에 대한 두려움 같은 것이었다.

내게 무슨 결함이 있는 게 분명하다고 생각했다. 당시 내가 경험한 건 한층 진보한 기술이었으며, 그 말은 전화나 신문 같은 원시적인 아날로그 미디어보다 분명 더 뛰어나다는 의미였다.

그리고 이런 불안한 기분과 동시에, 꼴통에 관한 논쟁에서 설명했던 바로 그 내면의 트롤을 인식하게 됐다. 그것도 아주 명확하게 말이다. 나는 그런 현상을 실험적인 접근법으로 분석했다. 만약 내가 어떤 인터넷 모델을 사용한 뒤에 기분이 나빠졌다면, 그 모델의 어떤 특성 때문이었을까? 나를 기분 좋게 만드는 모델과는 어떻게 다른가? 그 과정에서 나는 어떤 사실을 발견했다. 나는 평가자들이 진정한 노력을 쏟아부어 중요한 목적으로 시행한 평가라면 평가를 받더라도 크게 개의치 않는다. 하지만 다수의 대중이 가볍게 나를 평가하거나 멍청한 알고리즘이 내게 영향력을 행사하면 기분이 아주 나빠진다.

나는 어떤 프로그램이 내가 다른 사람들보다 친구가 더 많은지 적은지, 사람들이 나를 좋아하는지, 내가 보통 사람들보다 어떤 면에서든 더 낫거나, 멋지거나, 돈이 더 많을 것 같은지 등등을 계산하는 게 싫다. 버머 알고리즘은 고유의 기능을 조금이라도 수행하려면 반드시 사람들을 특정 범주로 분류하고 순위를 매겨야 한다. 애초에 버머를 만든 목적 자체가 사람들 자체와 사람들의 행동 변화를 상품으로 만들기 위해서였다. 이 알고리즘은 근본적으로 플랫폼 소유주와 광고주들에게 득이 되는 쪽으로 작용하며, 그들은 우리를 추상화해야만 우리를 조종할 수 있다.

페이스북과 구글 같은 기업 배후에 있는 버머 알고리즘은 전 세계에서 몇 안 되는, 해킹이 불가능한 파일에 저장되어 있다. 알고리즘이 그만큼이나 비밀스럽게 지켜지고 있는 것이다. 미국 국가안전보장국NSA [21]과 중앙정보국CIA [22]의 극비 자료는 이미 여러 차례 유출된 경력이 있지만, 다크웹dark web, 일반 인터넷 검색 엔진에서는 검색되지 않고, 특정 환경의 인터넷 브라우저에서만 접속되는 웹사이트에 있는 구글의 검색 알고리즘이나 페이스북의 피드 알고리즘 관련 자료는 외부에 노출된 적이 없다.[23]

인공지능과 칭송받는 클라우드 프로그램들의 실제 작용 과정이 공개되면 사람들이 경악할 것이라는 점도 부분적인 이유로 작용한다. 이런 프로그램들이 산출해내는 결과에 임의성이 상당히 작용한다는 사실이 알려질 것이기 때문이다(이런 임의성에 관해서는 첫 번째 논점에서 설명했다). 이런 알고리즘들은 단편적, 통계적으로만 유용하다. 효용성이 이렇게 제한적인데도, 이 부분적인 활용만으로 이 시대 최고의 부가 창출됐다.

그런데 이런 프로그램들이 사람들에게 아무리 추앙받더라도 내가 생각하기에 이들이 알고리즘을 이렇게까지 철통같이 지키는 건 프로그램과 관련된 문제가 아니라 사람들이 이런 프로그램을 수용하고 무조건 존중하면서 생긴 권력관계와 관련 있다.

개인에 관한 정보나 의견이 순전히 터무니없이 부풀려지는 경우는 늘 있었지만 지금까지는 크게 상관없었다. 신문에 나오는 오늘의 운세를 생각해보자. 어느 기사를 봤고 어느 부분에 시선을 뒀는지 추적할 방법이 전혀 없었으므로 어떤 독자가 무엇을 읽었는지는 아무도 알지 못했다. 누군가가 (믿는 사람들에게는 미안하지만, 내 눈에는 터무니없어 보이는) 오늘의 운세를 읽었대도, 아무 일도 일어나지 않는다.

그 독자는 점성술을 진심으로 믿거나, 자신에 관해서 생각해보지 못했던 뭔가를 말해준다는 게 신기하거나, 아니면 그 자체를 그저 장난이나 놀이처럼 받아들이는 것일지도 모른다. 뭐든 상관없다. 그런 건 그 사람과 그 대상, 그리고 간혹 그 사람에게서 그 이야기를 전해 듣는 이들에게만 관계된 일이다.

신문에 나오는 오늘의 운세는 그 독자의 머릿속 밖의 영역에서는 아무 작용도 하지 않았다. 그와 나머지 사람들 간의 권력관계에는 전혀 영향을 끼치지 않았다는 말이다.

버머 시대에는 상황이 다르다. 신문이 온라인 서비스로 대체되었고, 운세뿐 아니라 건강, 노동 윤리, 희망하는 이성 교제 상대 등에 관한 당신의 관심이 수집된다. 예를 들어 페이스북은 정치적인 성향을 비롯한 여러 요소를 기초로 당신을 범주에 따라 분류한다.[24] 이런 분류는 운세를 본 당신에게 버머가 내놓는 대답이다.

당신을 분류하는 버머 알고리즘의 평가는 과학적으로는 의미가 없고 믿을 만하지 못할지도 모르지만, 현실 세계에서는 중요한 의미가 있다. 그런 평가는 화면에 제시되는 뉴스, 데이트 상대로 소개받는 사람, 추천받는 제품에 영향을 준다. 실제로 소셜미디어를 기준으로 내린 평가가 대출받을 수 있는 금융 상품,[25] 여행할 수 있는 국가,[26] 취직 여부,[27] 받을 수 있는 교육,[28] 자동차 보험금 청구 결과,[29] 모임의 자유[30]를 결정하는 요인이 될 수 있다(이 사례들 중 상당수에서, 제3자들은 버머 기업들이 직접 만든 분류가 아니라 버머 데이터를 평가하는 자체 개발 알고리즘을 적용한다).

동독이나 북한 같은 경찰국가에 살았다면 혹시 모를까, 난생처음으로 우리 각자의 즉흥적인 생각과 기이한 습관들이 거대한 권력의 현미경 아래에 놓이게 됐다.

지속적인 평가에서 벗어나 나를 창조할 공간을 만들 수 없는 것, 그것이 바로 우리 기분을 망친다. 자존감을 최우선으로 존중받지 못하는 상황에서 어떻게 자존감을 느낄 수 있겠는가?

진정한 자존감 없이 어떻게 행복을 찾을 수 있을까? 읽고 말하고 행동하는 모든 것이 평가 장치에 입력되는 마당에 어떻게 진실한 사람이 될 수 있을까?

명확히 설명하자면, 버머 장치에 입력되는 평가는 두 단계다. 하나는 인간이 이해할 수 있고 경우에 따라 볼 수도 있는 종류의 통계다. 인터넷에는 바로 이 순간 우리 각자에 관한 평가 정보가 가득하다. 친구와 팔로워는 몇 명인가? 인기가 있는가? 지금까지 획득한 점수는 몇 점인가? 다른 사람들이 같은 상점을 이용하게 설득한 보상으로 그 상점에서 받은 가상의 황금별이나 컨페티confetti, 파티 등의 행사에서 뿌리는 색종이 조각가 있는가?

다른 하나는 사람들이 보거나 해석할 수 없는 수학적 상관관계에 기초한 평가다. 이 단계는 머신러닝 알고리즘 내에서 발생되기 때문에 중간층intermediate-layer 해석이라고도 불린다. 이런 평가 단계는 버머의 교묘한 작용을 최적화하는 데 활용된다. 가령 어떤 광고, 어떤 뉴스, 가족들에게 받는 소식에 섞여 나오는 어떤 귀여운 고양이 사진이 우리에게 특정한 영향을 끼칠 가능성이 가장 높은가를 가늠하는 것이다.

세부 내용이 어떻든 간에 무슨 일이 벌어지고 있는가를 꿰뚫어봐야 한다. 갑자기 우리 자신을 포함한 모든 이가 전혀 요청한 적이 없는 멍청한 경쟁 속으로 떠밀려 들어가고 있다. 왜 당신에게는 친구들만큼 멋진 사진이 전송되지 않는가? 왜 당신은 친구들보다 팔로워가 적은가? 사회적 불안감이 이렇게 조금씩 꾸준히 조성되면 사람들은 더 집착하고 매달리게 된다. 뇌의 사회적 측면을 담당하는 심층적인 메커니즘이 자신의 사회적 입지를 모니터하는 가운데, 사바나에서 가장 작고 약한 개체가 포식자에게 잡아먹히는 것처럼 뒤처져서 희생당하는 게 바로 자신이 되는 건 아닐까 겁먹게 된다.

나는 특별히 내가 선택한 경우가 아니라면 나에 대한 순위가 매겨지기를 원하지 않는다는 걸 이미 오래전에 깨달았다. 가령 내가 연구 프로젝트 자금을 신청했다면 경쟁을 해야 하고 평가도 받아야 할 터다. 하지만 쓰레기 같은 알고리즘이 감히 내가 원하지도 않는 순위를 세상에 알리다니?

그런데 어처구니없게도 일단 그런 일이 실제로 벌어지면 그 생각을 쉽게 떨칠 수가 없다. 내 마음속에는 경쟁하기 좋아하는 작은 악마가 있다. 나뿐 아니라 아마 거의 모든 사람의 내면에 이런 존재가 있을 것이다.

나보다 아무개가 더 인기 있거나, 똑똑하거나, 발이 넓거나, 가치가 높다는 등등의 평가를 받으면, 곧바로 마음속 작은 악마가 "아 그래?"라고 말하는 소리가 들린다. 그러면 뭔가 대책을 세워야 할 것 같은 기분이 든다. 이 게임에서 이기거나, 아니면 다른 게임을 찾거나 해야 할 것 같다.

하지만 당신이 버머 안에 있는 한 절대 벗어날 수 없다. 지금 세상에서는 수백만 가지 버머 게임이 끊임없이 진행되고 있으며, 전 세계를 상대로 경쟁해야 하는 당신은 거의 모든 게임에서 패할 수밖에 없다. 승자는 대부분 무작위로 선택된다.

한 번에 한 경기씩 진행되는 미식축구 대신, 전 세계적인 글로벌 대항전이 쉴 없이 진행되고 있는 것과 마찬가지다. 모든 사람이 모든 사람과 맞붙고, 대부분은 늘 패할 수밖에 없는 최악의 스포츠다.

설상가상으로 나처럼 실리콘밸리에서 일하는 몇몇 사람은 당신을 주시하면서, 당신과 당신 친구들보다 더 많은 것을 보고, 당신을 조종하고 있다.

신이라도 된 것처럼 내려다보는

구글이 아직 자그마한 신생 기업이던 시절에 이런 진실을 절실히 느낄 계기가 있었다. 하루는 지금의 구글 본사인 구글플렉스가 생기기 전에 구글이 있었던 작은 사무실에 들렀다. 구글 설립 때부터 근무했던 프로그래머인 내 친구가 어떤 여성이 대단히 분개하며 구글에 이메일을 보냈던 사건을 내게 이야기해 주었다. 누군가가 구글에서 이 여성의 이름을 검색할 때마다 첫눈에 들어오는 검색 결과는 이 여성이 소변에 집착한다는 머저리 같은 포스팅이었다.

구글 초기 멤버들에게는 상당히 흥미로운 순간이었다. 곤란한 상황에 처해서 뭔가 조치를 취해주기를 바라는 이 여성의 간절한 요구에 관심을 기울여야 할까, 아니면 큰 그림으로 보아 이런 개인의 피해보다 공공의 이익이 더 중요하다고 믿어야 할까?

이런 종류의(동음이의어를 이용한 말장난) 문제는 많이 알려져서 이제는 새로울 것도 없지만, 안타깝게도 우리는 여전히 이런 피해에 노출돼 있다. 완벽한 버머는 아니지만 버머와 유사한 형태의 서비스인 우버Uber는, 사람들을 감시하는 기능을 만들고 이 기능에 '갓 뷰God View'라는 이름을 붙이기도 했다.[31]

신이라도 된 것처럼 꿰뚫어볼 수 있는 실리콘밸리의 위치에서는, 누가 무엇을 언제 썼는지와 누가 언제 그것을 검색하고 읽었는지를 사람 또는 알고리즘이 항상 볼 수 있다. 이런 과정은 어떤 사람이 개미 사육 상자를 들여다보는 것에 비유할 수 있다. 작은 개미들도 그 사실을 안다. 누군가에게 관찰당하고 있다는 걸 인식하는 것이다. 곤란을 겪던 그 여성은 아주 간절한 마음을 담아 도움을 요청하는 글을 썼다. 당시 구글 사무실에 있던 직원들 중에는 그녀의 처지를 안타깝게 여기는 사람도 있었지만 비웃는 사람도 있었다.

더 월등할 것이라고 예상하지만 알고 보면 전혀 월등하지 않은, 우리처럼 학교를 다녔고 그저 어쩌다보니 버머 직업을 구했을 뿐인 사람들, 그런 존재들에게 감시당하는…… 그런 기분은 치욕스럽고 우울하다.

다시 말하지만 부정적인 감정은 긍정적인 감정보다 더 쉽게 유도할 수 있고 수익성이 좋아서 버머가 애용하는 수단이다.

평범한 사람들이 최대한 행복하게 만족하며 살려면, 소셜미디어 통계 수치에 대한 집착에서 잠시 벗어나 좋은 시간을 한껏 즐기고 서로에게 직접적인 관심을 쏟아주어야 한다. 인기가 없을까봐 전전긍긍하고, 세상이 파멸에 이르는 건 아닌지 걱정하고, 가족과 친구관계 안으로 비집고 들어오는 멍청이들에 격분한다면, 속박에서 벗어날 엄두를 내지 못할 것이다. 본능적인 경계 상태에 이르면서 소셜미디어에 중독되기 때문이다.

나를 포함한 실리콘밸리 사람들은 개미들이 흙더미 속으로 더 깊이 파고드는 것을 보고 싶어한다. 우리는 지켜보면서 돈을 번다.

불균형한 권력관계는 늘 우리 앞에 있다. 인스타그램이나 왓츠앱 같은 페이스북 브랜드 중 하나를 사용할 때 굴욕감이 들지 않는가? 페이스북은 한 사람이 지배하고 있는 최초의 공개 기업이다.[32] 내가 마크 저커버그에게 개인적으로 반감을 가진 건 절대 아니다. 이건 저커버그에 관한 문제가 아니다. 그저 나는 어째서 삶의 중요한 부분을 나와 관련 없는 어떤 낯선 사람에게 저당 잡혀야 하는지 묻고 싶을 뿐이다.

내가 어릴 때에도 거물 정치인, 재벌, 유명 가수, 업계 대표와 같은 사람들은 있었다. 하지만 어느 누구도 내 삶을 실질적으로 좌지우지하지는 못했다. 그들이 했던 어떤 말이 가슴에 남아서 그때부터 지금까지 영향을 끼치는 경우도 있지만, 그게 전부다. 그들은 내 개인적인 삶과 늘 멀리 떨어져 있었다.

당신은 이런 문제를 별로 신경 쓰지 않을지도 모르지만, 어느 정도는 느끼고 있을 것이다. 별달리 손쓸 방법이 없으니 화를 내도 소용없지 않느냐고 말할 수도 있겠지만, 방법은 있다. 소셜미디어 계정을 삭제하면 된다.[33]

소셜미디어는
당신의
경제적 존엄을
바라지 않는다

이중의 문제를 부르는 버머

버머가 나타난 이후, 선진국에 사는 많은 이의 경제적인 삶에 한 가지 불편한 특성이 나타났다. 갈수록 많은 사람이 긱 경제 geek economy, 산업 현장에서 필요에 따라 사람을 구해서 임시로 계약을 맺고 일을 맡기는 형태의 경제 방식에 의존하면서 삶을 계획하기가 힘들어진 것이다. 긱 경제의 노동자들은 직업 경력이 오래됐더라도 경제적인 안정을 이루는 경우가 드물다. 다시 말해 이들이 아무리 높은 성과를 이루더라도 경제적인 위험에 처할 확률이 전혀 줄어들지 않는다. 미국처럼 사회적 안전망이 빈약한 나라에서는 숙련 기술자들이 전문 분야에서 장기간 근면하게 일하더라도, 건강이 나빠져서 의료비로 큰돈이 들면 자칫 길거리로 나앉게 될 수도 있다는 뜻이다.

그런 가운데 몇 안 되는 기업가들이(이들은 모두 컴퓨터 네트워크 허브와 밀접한 관련이 있다) 어마어마한 부를 축적하면서 빈부 격차가 그 어느 때보다 더 크게 벌어진다. 이런 상황은 남북전쟁 직후의 19세기 대호황 시대를 연상시킨다. 평범한 사람들은 경제적 위험에 노출되고, 세계 최대 규모의 컴퓨터 기술을 손에 쥔 사람들은 마치 카지노 주인들이 그러하듯 당연히 큰돈을 벌게 되어 있다.

경제 사회적 조건의 이런 지속 불가능한 변화는 버머와 관련이 있을까? 아니면 두 가지 상황이 어쩌다보니 동시에 나타난 것일까? 정답부터 말하자면, 버머는 많은 사람을 감정적으로 위태롭게 만들었을 뿐 아니라, 경제적으로도 위태롭게 만들었다.

버머와 경제적인 변화 사이에 어떤 관련이 있을까? 이것을 설명하려면, 우선 버머가 탄생했던 시기의 디지털 정책에 관한 이야기부터 해야 한다.

아기 버머

버머는 인터넷이 하나로 통합되기 이전의 10년 동안 무료 공개 소프트웨어를 옹호하는 거의 종교적일 정도로 열성적인 운동이 일면서 의도치 않게 뒤따른 결과다. 아이러니하게도 인터넷이 처음 형성되던 시기에 기업가들이 광고 기반 사업 모델에 전적으로 매달리게 됐던 이유는 사이버히피들_{기성세대의 관습과 제도에} _{반발하고 자발성을 존중한 1960~1970년대 젊은이들}의 정치사회적 압력 때문이었다.

버머 기업들이 이 세상에 선보인 그 어떤 기능보다 대중의 마음을 사로잡았던 특성은 인터넷 서비스가 무료라는 사실이었을 것이다. 구글에서 자료를 검색하거나 유튜브에서 동영상을 시청하더라도 돈을 낼 필요가 없었으며, 페이스북이나 트위터에 가입하는 데에도 돈이 들지 않았다.

무료 서비스라는 특성은 이들이 그렇게 빨리, 엄청나게 큰 성장을 이룰 수 있었던 동력이다. 그리고 인류 대부분을 시간 근무제 실험실 쥐로 만들어버린 파괴적인 버머 사업 방식의 토대이기도 하다. 덧붙여 몹쓸 놈들이 인터넷에서 진짜 사람처럼 보이는 가짜들을 무한히 만들어낼 수 있었던 이유다.

첨단 정보 서비스를 무료로 배포하고 광고로 돈을 번다는 개념은 새로운 게 아니다. 20세기 초에 전파 방송이 처음 나왔을 때, 라디오와 텔레비전은 무료로 제공하는 것 말고는 선택의 여지가 없었다. 누가 방송을 보고 있는지 확인할 길이 없었기 때문이다. 그러니 광고로 비용을 충당할 수밖에 없었다. 그런데 제반 환경이 바뀌어도 처음 사업 방식이 그대로 유지되는 경우가 종종 있듯이, 텔레비전의 경우 고객들이 유료 케이블 서비스로 대부분 옮겨갔지만 광고는 사라지지 않았다.

인터넷 서비스의 경우 텔레비전과 달리 처음부터 선택의 기회가 있었다. 디지털 네트워크 최초 설계의 기원은 1960년대에 테드 넬슨이 학생 시절에 했던 연구로 거슬러 올라간다. 그는 사람들이 디지털 네트워크에 가치 있는 자료를 제공하거나 사용할 때마다 그에 합당한 소량의 대가를 주고받을 것이라고 추측했다. 이런 발상은 좋은 의도였음에도 불구하고 무료 소프트웨어 운동의 엄청난 기세에 밀려 사실상 흔적도 없이 사라졌다.

소프트웨어를 무료로 쓸 수 있게 하자는 운동은 명백한 착오에서 출발했다. 소프트웨어가 무료로 제공되지 않으면 공개 소프트웨어가 될 수 없고 소프트웨어 개발자 외에는 아무도 소스코드source code를 볼 수 없기 때문에 소프트웨어에 어떤 용도가 있는지 아무도 알 수 없을 것이라는 우려가 널리 퍼졌다. 따지고 보면 그런 걱정이 단순한 억측은 아니다. 실제로 소프트웨어를 파는 기업들은 대개 소스코드를 공개하지 않는다. 소스코드가 공개될 경우 프로그램을 살짝 수정해서 새로운 프로그램으로 출시할 수 있는데, 그러면 원래 소프트웨어를 개발한 회사의 매출에 타격을 주기 때문이다.

소프트웨어가 결국에는 법보다 더 중요해질 테고, 숨겨진 코드에 의해 움직이는 세상의 전망은 암담하며 섬뜩하다는 걸 모두 인식하고 있었다. 그러므로 민주주의, 읽고 쓰는 능력, 품위의 밑바탕이 되는 투명성은 무료 배포가 아닌 다른 사업 방식으로는 지켜질 수 없다고 받아들여졌다. '무료이고, 공개된 것'이어야 한다는 두 조건은 영원히 함께 지켜야 한다고 봤다. 하지만 프로그램 코드를 자유롭게 모방해서 쓸 수 있다면 프로그래머들은 어떻게 생계를 유지할까? 어쩌면 코드를 공개한 뒤, 발생하는 오류를 해결해주면서 돈을 받을 수도 있다. 아니면 저작권 기반 경제 대신에 긱 경제 내에서 활동할 수도 있다. 그러면 이들은 자산가가 아닌 노동자가 될 것이다. 어쨌든 소스 코드가 계속해서 공개될 것이므로, 최소한 열린 민주주의 사회는 번성할 것이다.

취지는 좋았으나, 기대했던 효과는 나타나지 않았다. 활동가들이 소프트웨어가 공개되어야 한다고 주장하기 시작하던 시대에는 컴퓨터들이 연결되어 있지 않았다. 이제는 모든 컴퓨터가 연결되어 있으며, 그렇게 된 지 이미 몇십 년이 됐다. 이제 버머 기업은 오로지 그들의 컴퓨터에서만 구동되는 폐쇄적인 프로그램으로 우리 각자에 맞는 소프트웨어 모델을 만들고 교묘하게 조종되는 피드로 우리가 보는 내용을 통제할 수 있다. 그들의 컴퓨터는 우리가 절대 가볼 수 없는 지극히 안전한 장소에 위치한다. 그들의 소프트웨어는 초특급 기밀이다. 지금껏 다른 모든 유형의 파일은 해커들에게 뚫린 적이 있지만, 규모가 큰 버머 기업들의 검색 알고리즘이나 피드 알고리즘은 뚫린 적이 전혀 없다. 사람들을 조종하는 비밀 코드는 왕권을 상징하는 보석만큼이나 엄밀히 수호되고 있다.

가장 중요한 소프트웨어가 가장 은밀하게 감춰져 있고 가장 적게 노출되어 있다. 놀라지 마시길! 버머 소프트웨어 대부분이 리눅스, 아파치 스택 같은 무료 공개 소프트웨어를 기반으로 한다. 하지만 이런 무료 공개 소프트웨어 위에 이들이 무엇을 얹었는지는 아무도 알 수가 없다. 공개 소프트웨어 운동은 현재 우리 삶에 주요한 역할을 하는 코드의 공개성과 투명성을 조성하겠다는 목표를 추구하는 데 완전히 실패했다.

상황이 지금보다 나을 수도 있었다. 컴퓨터들이 연결되었으니 코드 한 줄 한 줄, 디지털 이미지 하나하나, 게임에 나오는 모든 소리를 속속들이 추적할 수 있다. 따라서 누가 무엇을 했는지를 알 수 있는 합작 도구를 상상할 수 있다. 그렇게 되면 합작 개발 프로젝트에 참여한 사람 모두가 각자 얼마만큼 기여했는지, 게임이 얼마나 많이 이용됐는지에 따라서 보수를 받을 수 있을 것이다. 우리가 만든 코드를 다른 사람이 수정할 수 있게 허용한다고 해서 우리가 했던 작업에 대한 보상을 전혀 받을 수 없게 되는 건 아니다. 이와 같이 다른 가능성이 충분히 있지만, 우리는 지금껏 그런 가능성의 세계를 탐색하지 못했다.

버머 트러블

최초의 버머 대기업인 구글이 탄생하기 전에, 사이버히피들은 정보에 관한 모든 것이 무료가 되어야 한다는 주장을 매섭도록 강력하게 펼쳤다. 하지만 그런 주장은 그들이 탐내는 이상이었을 뿐이다.

컴퓨터광狂들은 스티브 잡스 같은 영웅 기업가를 사실상 숭배하다시피 했다. IT 업계의 최고 경영자들은 해커들만큼 해킹을 잘 하지는 못하겠지만 그래도 새로운 비전을 가져다주는 사람들이다. 우리는 그들이 부자가 됐을 때 기분이 좋았다. 과연 누가 정부나 위원회에서 설계한 고리타분한 미래를 원하겠는가? 스티브 잡스가 세상에 내놓은 매끈하고 광채 흐르는 컴퓨터를 한번 생각해보라!

여기서 두 가지 열망이 상충한다. 모든 것이 무료로 제공되어야 한다. 하지만 우리는 위대한 기업을 탄생시킨 영웅들을 사랑한다.

모순이 보이는가? 모든 것이 무료여야 하지만, 기업가는 영웅이므로 큰 돈을 벌어야 한다. 그 두 가지 지향이 어떻게 양립할 수 있을까?

이번 세기가 시작될 무렵, 이 문제를 얼버무리고 넘어가려는 움직임이 많았다. 결국 찾아낸 해결책은 단 한 가지였다. 바로 광고를 이용하는 사업모델이었다. 광고를 허용하면 무료로 자료를 검색하고, 음악을 듣고, 뉴스를 볼 수 있을 터였다. (그렇다고 음악가나 기자들이 한몫 톡톡히 챙기게 됐다는 말은 아니다. 컴퓨터 전문가들은 그들을 대체 가능한 수단으로 봤기 때문이다.) 이로써 광고가 정보 시대의 지배적인 사업이 되었다.

처음에는 이런 발상이 디스토피아의 어두운 미래로 느껴지지는 않았다. 구글에서 맨 처음에 내보냈던 광고는 대체로 깜찍하고 순수했다. 하지만 인터넷, 전자기기, 알고리즘이 발달하면서 광고는 필연적으로 대중의 행동을 수정하는 수단으로 둔갑했다.

이것이 버머가 탄생하게 된 배경이다. 흔히 그렇듯, 우리는 그것이 우리의 선택이었다는 사실을 잊었다. 그리고 이제 와서는 어쩔 도리가 없다고 느낀다. 하지만 선택의 기회는 여전히 있다. 우리는 다시 선택할 수 있다!

버머 눈가리개

버머와 관련해서 가장 우려되는 점은 버머가 그저 가능성에 불과하다는 환상이 널리 퍼져 있는 지금의 현실이다. IT 스타트업들이 이 세상의 모든 것을 재발명해서 판이 완전히 뒤집어질 것이라고 믿는 실리콘밸리 사람들이 있다. 의료, 교육, 교통, 심지어 생애주기에까지 큰 혼란과 변화가 일 것이다. 그런데 기본 운영 방식과 관련해 우리가 제대로 보지 못하는 부분이 있다. 우리는 두 사람을 연결하는 데 드는 비용을 댈 유일한 방법이 이 두 사람을 조종하려고 돈을 내는 제3자를 통하는 방법밖에 없다는 것을 기정 사실로 받아들인다. 그러나 이것은 우리 머릿속에만 존재하는 덫이다.

버머 사업모델은 기본적으로 디지털 서비스가 가능하려면 우리 같은 개인 사용자들이 버머에 복종하는 입장에 서야 한다고 본다. 하지만 실은 전혀 그렇지 않다. 이런 잘못된 믿음이 널리 퍼져 있다는 점도 소셜미디어를 그만두어야 할 가장 중요한 이유 중 하나다.

버머 사업 방식이 워낙 널리 확산되어 이제는 관련 없는 사업 부문에까지 스며들었다. 가령 우버 같은 앱만 봐도 그렇다. 최신 기술을 활용해서 운전자들과 차량이 필요한 사람들을 좀 더 조화롭게 연결한다는 우버의 장점을 누리려면, 소수의 경영자가 우버를 소유하고 그중 일부가 집권층이 되는 반면에 우버 운전자들은 기존의 택시 운전사들보다 직업 안정성이 낮아지고 차량 이용자들은 치욕적으로 감시당할 수밖에 없다. 사람들은 이 현실을 기정사실로 받아들인다. 하지만 좋은 점을 누리기 위해 반드시 안 좋은 측면을 감수해야 하는 건 아니다. 부작용이 있을 수밖에 없다고 믿는 유일한 이유는 우리가 버머에 길들여져 있기 때문이다.

인류가 생존하기 위해 반드시 건설해야 할 대안적인 세상에서는 우버 같은 앱의 편의성, 그리고 많은 이가 안정과 존엄을 누리는 지속 가능한 사회 경제 구조 두 가지 모두가 실현될 것이다.

이 시대의 기반으로 자리잡은 버머라는 상품은 불합리하고 유해하다. 사회를 미치게 만드는 방법으로 풍요로운 사회를 이

룩할 수는 없다. 여기서 벗어날 유일한 방법은 버머 기업들이 다른 방식으로 돈을 벌 수 있도록 사업모델을 바꾸는 것뿐이다. 그렇게 되면 클라우드 서비스와 개인용 전자기기가 기반인 우버 같은 기업도 지속 가능하고 품위 있는 사업모델을 찾아나설 것이다. 그럴 의지가 있다면 충분히 찾을 수 있다!

버머보다 나은 방식

한 가지 방법은 검색이나 소셜미디어 같은 서비스가 직접 수익을 내는 구조를 만드는 것이다. 사용자들이 매달 약간의 사용료를 지불하는 대신 포스트나 동영상, 그 밖의 유용한 콘텐츠를 많이 올려서 기여할 경우 사용자들도 약간의 돈을 벌 수 있다. 현 시스템에서처럼 인기 있는 극소수 사용자들만 돈을 버는 게 아니라 대단히 많은 사람이 돈을 벌게 될 것이다. (다만 아주 적은 비용조차 감당할 수 없는 사람들도 서비스를 이용할 수 있는 방법을 마련해야 한다는 점은 인정한다.)

내가 돈을 벌 가능성에 대해 요란을 떠는 이유는 인공지능과 자동화가 불러올 실업 문제를 해결하는 데 이런 시스템이 도움이 될 수도 있기 때문이다. 우리가 지금 논하는 대상은 역사상 가장 부유한 기업들을 지탱하는 산업이다. 이 산업의 근간은 쓸모없는 인력이 되어 기본소득과 실업수당으로 살아야 할 날이 머지않았다는 이야기를 줄기차게 들으며 사는 사람들에게서 얻은 데이터다. 세계 최고의 기업들이 그들이 의존하는 데이터의 원천인 이들에게 이제는 사회에서 쓸모없는 존재가 되었다고 말하는 건 옳지 않다.

예를 들어 번역을 생각해보자. 다른 언어로 쓰인 짧은 글이나 웹페이지를 자동으로 번역하는 소프트웨어가 나온 건 아주 잘된 일이다. 하지만 이런 소프트웨어에 뛰어난 번역 능력을 갖춘 디지털 두뇌가 있어서 직접 번역문을 만들어내는 건 아니다.

사람들이 날마다 새롭게 생산해내는 번역 문장과 수천만 가지 표현이 매일매일 수집되어서 소프트웨어가 구동되는 것이다. 이 사람들은 자신의 번역문이 수집된다는 걸 전혀 모르고 있다. 대체 어떤 방식으로 수집되는 걸까? 외국어 구사자들이 남들을 위해 텔레비전 프로그램에 자막을 넣는다든지 하는 식으로 버머 활동 중에 번역문을 만들어낸다. 버머 기업들에게 이 활동은 좋은 먹잇감이다.

누군가가 새롭게 어떤 구절의 번역을 요청하면 데이터에 있는 번역문들과 맞춰보고 관련성을 통계적으로 매시업mash-up한 다음 보편적으로 읽을 수 있는 텍스트로 만든다. 새로운 번역 예문은 매일 꾸준히 수집되어야 한다. 언어에도 생명이 있어서 새로운 사건, 대중문화, 비속어들이 나날이 새롭게 나오기 때문이다.

이런 기술이 제 기능을 하는 건 물론 좋은 일이다. 하지만 이런 기능이 가능하도록 데이터를 제공한 사람들(이중 언어를 구사하는 실존 인물들)은 위태로워지기 때문에, 이들에게는 그다지 좋은 일이 못 된다. 실제로 인간 번역가들은 직업 전망이 어둡다. 탐사 보도 전문 기자, 음반을 내는 뮤지션, 사진가들을 비롯한 여러 직종도 마찬가지 상황이다.

우리는 번역할 줄 아는 사람들이 여전히 필요함에도 필요 없어진 것으로 치부한다. 실제로는 그렇지 않은데 더 이상 쓸모없어졌다고 말하는 것은 일종의 죄가 아닐까?

인공지능을 인간의 대안적 존재로 받아들여서는 절대 안 된다. 인공지능은 '인간들 사이에서 가치를 나눌 새로운 수단'이다.

버머 사업은 이용자들로부터 데이터를 몰래 취해서 그것으로 돈을 번다. 버머 기업들이 어마어마한 부자가 되었다는 사실과, 획득한 부가 전적으로 이용자들이 제공한 데이터에서 나왔다는 사실을 생각해보라. 나는 세상 사람들이 원하는 무언가를 만든 기업이라면 부자가 되어야 마땅하다고 생각하지만, 그런 합의의 결과로 개인들이 점점 더 위태로운 처지에 몰려서는 안 된다고 본다. 자본주의는 본래 제로섬 게임이 아니다.

버머는 경제적으로 지속 불가능하다. 이것은 버머의 사업 방식이 부당하다는 사실보다 더 심각한 문제일 것이다. 부자가 되기 위해 사회를 무너뜨리는 건 질 수밖에 없다는 것을 알면서도 덤벼드는 바보 같은 짓이다. 그런데 실리콘밸리는 지금 이런 바보 같은 행동을 하고 있다.

번역 프로그램을 만들기 위해 실제 사람들이 작성한 데이터가 필요하다는 사실을 정식으로 인정하면 사람들에게 좀더 질 좋고 유용한 번역 데이터를 제공하도록 장려 정책을 펼 수도 있을 것이다. 그러면 데이터를 제공한 사람들은 가치를 인정받고, 대가로 돈을 받거나, 좋은 일에 기여했다는 보람을 느끼게 될 것이다. 그러면 번역 서비스 품질도 더 좋아질지 모른다! 인간이 쓸모없다는 환상은 사람들의 가치를 깎아내릴 뿐 아니라, 기본 데이터가 개선되지 않아서 인공지능이라 불리는 프로그램들의 기능을 저하시킬 수도 있다.

인간의 가치에 관한 버머의 어리석은 접근 방식은 지속 불가능한 경제를 넘어서 인간의 존엄을 저버리는 결과까지 낳는다. 그런 차원은 열 번째 논점인 영적인 측면을 다루면서 자세히 논하려 한다.

버머는 본래 일종의 물물교환으로 거래됐다. "우리가 당신을 감시할 수 있게 해주면 대신 당신은 무료로 서비스를 받을 수 있다"는 식이었다. 단기적으로는 합당한 방식일지 모르지만 장기적으로 보면 끔찍한 거래다.

당신이 받는 서비스는 무료처럼 보이지만, 사실은 또다른 누군가가 대가를 치르고 있다. 뮤지션들은 버머를 이용해서 무료로 자신의 음악을 홍보할 수 있지만, 벌이가 괜찮아서 가정을 꾸릴 수 있을 정도(경제적 '안정성'이라는 단어의 합당한 정의라고 하겠다)인 뮤지션들은 음악이 실물 음반 형태로 팔리던 시절보다 훨씬 적어졌다.[1] 뮤지션, 번역가…… 그다음은 누구일까?

버머 시대 이전에도 새로운 기술이 나타나면 늘 일정 부문에서 인간의 역할이 필요 없게 됐지만, 그 대신 육체적인 특성이 덜한 새로운 역할이 항상 생겨났다. 가령 마부 대신 운전사라는 직업이 생겼다. 기술 파괴로 나타난 새로운 역할은 예전의 역할보다 더 창의적이고 전문적인 경우가 많았다. 제철소 노동자 대신 로봇 프로그래머가 생긴 것처럼 말이다. 이 말은 더 많은 사람이 명망과 경제적인 존엄을 얻게 됐다는 뜻이다.

버머는 이런 추세를 바꿔놓았다. 식견, 창의력, 전문성을 발휘하는 일에 종사하는 사람들은 머지않아 그들의 전문성을 클라우드 서비스(십중팔구는 흔히 인공지능이라고 불리는 서비스)로 제공하는 버머에게 밀려나서 경제적 안정을 박탈당하게 될 것이다. 하지만 그들이 생산해내는 데이터는 계속해서 필요하다. 인공지능은 다수의 인간 미술가들에게서 훔친 데이터로 자동으로 작품을 만들 수도 있다. 소위 인공지능 미술품 창작 프로그램은 이미 귀한 대접을 받고 있다. 다수의 실제 간호사들에게서 수집한 데이터 덕분에 간호 업무를 하는 로봇들이 현장에 투입될 수 있겠지만, 간호사들은 로봇과 경쟁해야 하기 때문에 돈을 덜 받고 일해야 할 상황에 놓일 것이다.

첫 번째 논점에서 설명했듯이 모든 사람이 네트워크 효과에 중독되고 꼼짝없이 묶여 있어서 모두가 버머 데이터를 제공하고 있다.

나는 버머가 우리를 어떻게 꼴통으로 만들고 있는가를 논하면서 배타적인 심리전을 넘어서는 일정 수준의 보상 체계를 만들면 온라인 관계에서 품위 있는 자세를 독려할 수 있을 것이라고 제안했다. 그러면서 순전히 사회적인 활동 대신 경제적 활동에 관심을 쏟게 하면 태도가 개선되는 효과를 기대할 수 있다고 설명하고 그 예로 링크드인을 들었다.

앞으로 더 깊은 연구가 필요하겠지만, 온라인에 제공한 데이터의 가치만큼 돈을 받는 새로운 시대가 열리면 세상이 지금보다 덜 어둡고 덜 이상한 곳이 될 것이다.

현재 버머 방식으로 운영되는 소셜미디어와 검색엔진의 대안적인 사업모델로 제시한 모델은 그저 한 가지 가능성에 불과하며, 그 밖에도 다른 방법들이 있을 것이다. 이 아이디어를 처음 제시했던 것은 나의 전작 『미래는 누구의 것인가Who Owns the Future?』에서였다. 디지털 경제의 미래에 대한 이런 접근법은 최근에 '노동으로서의 데이터Data as Labor'라는 표현으로 알려지게 됐다.[2]

이 개념은 이미 재계에서 어느 정도 영향력을 확보했으며, 분명 더 깊이 연구해봄 직하다. 완벽하지는 않겠지만 적어도 버머보다는 나을 것이다.[3]

버머 기업은 버머 이외의 사업 방식으로의 변천을 두려워하지 말아야 한다. 이건 그들에게도 좋은 일이 될 것이다!

구글의 일부 경영자와 철학적 견해 차이가 있을지는 몰라도, 나는 구글을 싫어하거나 반대하지 않는다. 나와 내 친구들은 우리가 만든 스타트업을 구글에 넘긴 적이 있으며, 구글이 생긴 지 얼마 안 된 자그마한 신생 기업이던 시절에 사무실에 자주 놀러 가서 시간을 보냈다. 나는 구글이 악마가 되어버린 이들의 집단이라고는 생각하지 않는다. 구글의 사업 방식은 설령 그럴지 모르지만 말이다.

버머 모델이 대단히 성공적이어서 주주들이 쉽게 물러서지 않을 것이기 때문에, 구글과 페이스북은 절대 사업모델을 바꾸지 않을 거라고들 한다. 그러나 나는 그렇게 보지 않는다.

버머 모델의 문제점 중 하나는 버머에 산유국의 원유와 같은 특성이 있다는 점이다. 버머에 의존하는 기업은 사업 활동(원가중심점)을 원하는 대로 다각화할 수 있지만, 이익중심점은 절대 다각화하지 못한다. 사람들을 꾀어서 조종하는 서비스를 운영하려면 데이터가 많이 필요하며 데이터를 더 많이 수집하기 위해는 무료 서비스 정책을 우선적으로 추진해야 하기 때문이다. 고객들도 중독되지만 버머 왕국도 버머 모델에 중독되는 것이다.

IT 기업들은 버머로 인해 불안정하고 기이하게 침체된 상태가 된다. 현재 세계 5대 IT 기업들 중에 버머 모델에 전적으로 의존하고 있는 곳은 단 두 곳이다. 나머지 세 기업 애플, 아마존, 마이크로소프트는 버머의 요소를 약간 도입하기는 했지만 완전히 의존하지 않은 채 아무 문제없이 순항하고 있다. 비非버머 글로벌 IT 기업인 이들은 성공적으로 사업을 다각화했다. 이들을 비판하거나 이들에게 변화가 필요하다고 생각할 만한 이유가 많을지 모르지만, 최소한 이 기업들이 발달시킨 버머의 양은 문명의 생존에 위협이 될 만큼은 아니다.

반면 글로벌 IT 기업인 구글과 페이스북은 버머에 완전히 사로잡혀 있다. 다른 유형의 사업을 시작하려고 대대적으로 투자하지만 가장 큰 수익은 버머에서 얻는다. 기업 규모가 어떻든 간에 단 한 가지 책략을 바탕으로 하는 기업들은 손실을 입거나 공격당하기 쉽다. 머지않아 어떤 식으로든 판도가 바뀐다면 버머 기업은 크든 작든 상관없이 금세 무너질 것이다.

다시 묻지만, 그렇다면 버머는 왜 IT 기업들에게 그토록 좋은 장기 전략이 되는 걸까? 버머는 장기적으로 좋은 전략이 아니다. 산유국들의 사례와 마찬가지로, 버머는 단기적인 이익을 장기적인 이익과 맞바꾸고 있을 뿐이다.

그렇다고 버머 기업이 문을 닫게 만들어서는 안 된다. 대신 그들에게, 스스로를 위해서라도 사업모델을 혁신해야 한다고 요청해야 한다.

지금은 무료로 사용할 수 있는 서비스에 앞으로 돈을 내야 한다면, 별로 달갑지 않은 기분이 들지 모른다. 하지만 그런 서비스를 통해 사용자들이 돈을 벌 가능성도 있다는 사실을 기억해야 한다. 물건이나 서비스에 돈을 지불하는 것이 때로는 모든 사람에게 더 나은 세상을 만드는 길이 되기도 한다. 공개된 무료 인터넷 서비스를 옹호하는 컴퓨터광들은 영화나 텔레비전을 보려고 돈을 내는 것은 끔찍한 일이며 미래 문화는 자발적 참여에 의해 만들어져야 한다고 주장했다. 디지털 콘텐츠 보급 비용은 물론 광고로 충당한다. 버머 대기업이 세워졌을 때 실리콘밸리는 절대적으로 이렇게 믿었다. 이에 반대하는 건 신성모독이나 다름없었다.

하지만 넷플릭스나 HBO 같은 기업들은 월정액을 납부하도록 소비자의 마음을 움직였고, 결과적으로 '피크 TV(즉 TV 전성기)'를 이끌어냈다. 그렇다면 유료 '피크 소셜미디어'나 유료 '피크 검색 서비스'의 시대가 어찌 불가능하기만 하겠는가?

넷플릭스나 HBO에서 엔딩 크레딧을 찬찬히 지켜보길 바란다. 주의 지속 시간을 늘리는 훈련으로도 좋다! 화면으로 지나가는 그 많은 이름을 한번 봐라. 주연이 아닌 그 많은 사람 모두가 영화를 시청자들에게 제공하면서 생계를 유지한다.

버머 체계에서는 주연들만 먹고살 수 있다. 설사 버머로 돈을 벌어 나름 괜찮은 생활수준을 유지하며 사는 흔치 않은 인플루엔서가 되더라도[4] 아주 작은 소수 집단에 속해 있으며, 언제 어떻게 될지 모르는 불안한 입장에 있다는 점을 잊지 말아야 한다. 꿈을 망치고 싶지는 않지만 인플루엔서가 되거나 그와 비슷한 경지에 오르면 웬만큼 먹고살 수 있겠다고 생각할 텐데, 현실은 완전히 딴판이라 대비책을 만들어두어야 한다. 얼마나 충분한 자격을 갖췄고, 금세 부자가 된 사람들 이야기를 얼마나 많이 들었는지와는 상관없다.[5] 주연 자리에 오르는 사람이 몇 안 된다는 사실이 문제가 되는 건 아니다. 그건 원래부터 정해져 있는 기정사실이다. 문제는 버머 경제에서는 주연은 아니지만 주연에 상응하며 넉넉한 보수를 받을 수 있는 역할이 거의 없다는 점이다. 지속 가능한 경제에는 다양한 역할이 존재한다. 예컨대 프로 미식축구 선수의 꿈을 실현하지 못하더라도 매니지먼트나 스포츠 전문 매체에서 일하는 등 관련 직종에 진출할 수 있다. 하지만 스타 인플루엔서에 필적할 만한 직종은 거의 없다시피 하다. 그래서 대비책이 필요하다고 말했던 것이다.

소셜미디어 기업들이 은밀하게 몸을 감춘 제3자들 대신에 사용자들에게 직접 돈을 받으면, 사용자들을 위한 서비스를 제공하게 될 것이다. 간단한 문제다. 그렇게 되면 유해한 선전을 보는 데 돈을 쓸 수도 있겠지만, 다른 누군가를 독으로 죽이는 데 돈을 쓰지는 못할 것이다. 즉 세상을 망치는 일에 매달릴 동기를 없앨 수 있다.

나는 페이스북, 구글, 트위터가 유료 서비스가 될 때까지 계정을 만들지 않을 것이다. 내 데이터를 확실히 소유하고 내 데이터를 사용하는 데 드는 비용을 정해둘 것이다. 내 데이터가 가치 있다면 돈을 어렵지 않게 벌 수 있다. 조금 기다려야 할지 모르지만 기다릴 가치가 있다.

소셜미디어는
정치를
무력화한다

궤적의 소실[1]

마틴 루서 킹 주니어가 연설에서 했던 말처럼 역사에는 도덕의 궤적moral arc이 있어서, 세월이 흐르면서 정의가 점차 확산됐다. 어떤 시기에는 노예들이 해방됐고, 그 후 여성들이 참정권을 획득했으며, 이후에는 성소수자들이 권리를 얻고 존중 받게 됐다. 민주주의는 더 많은 나라로 확산됐다.

최근 버머 시대가 되면서 이런 궤적이 추락해 박살나고 불타버리는 징후가 나타나고 있다. 둥근 활 모양의 궤적을 따라 올라가다 반발력에 잠시 뒤로 물러선 것이 아니라, 상상하기 힘들 정도의 치명적인 추락이다.

최근에 터키, 오스트리아, 미국, 인도를 비롯한 여러 민주주의 국가에서 권력을 손에 넣기 위해 부족주의에 기대는 권위주의적인 지도자들이 선출됐다. 이 국가들 모두 선거에서 버머가 중요한 역할을 했다. 나는 개인적으로 지금 이 시대가 더 민주적인 세상을 향해 가는 순조로운 과정에 발생했던 작은 결함으로 후세에 기억되기를 간절히 바란다.

그런데 지금 이 순간 우리는 급작스럽고 무시무시한 위기에 직면해 있다. 버머 시대가 오기 전에는, 어떤 나라가 민주주의를 채택하면 이후로도 그 상태가 그냥 유지되는 것이 아니라 국민의 요구에 따라 한층 더 민주적인 사회가 된다는 것이 일반적인 생각이었다.

안타깝게도 그런 생각은 더 이상 참된 사실이 아니다. 상황이 변한 것은 아주 최근의 일이다.[2] 무언가가 젊은이들을 민주주의에서 멀어지게 만들고 있다. 소셜미디어 기업들의 희망에 찬 자축에도 불구하고, 민주주의가 약해지면 온라인 세계는 더 추하고 기만적인 곳이 되는 듯하다.

그런 상관관계는 개발도상국에서 더 강력하게 나타나기도 한다. 휴대전화로 문자를 보낸다든지 하는 간단한 수준의 정보기술을 접할 수 있는 환경이 마련된 것은 지난 몇십 년 동안 전 세계적으로 극심한 빈곤을 기적적으로 줄이는 데에 기여했을 것이다. 하지만 최근에는 영리를 목적으로 하는 소셜미디어가 생겨나고 휴대전화는 광적인 사회 폭력을 전파하는 수단으로 바뀌었다.

지금 이 책을 쓰는 시점을 기준으로 세계에서 벌어지는 최악의 인권 재앙 중 하나는 미얀마의 로힝야족들이 겪는 비참한 상황일 것이다. 나중에 밝혀진 바에 따르면, 이 사태는 페이스북이 미얀마에서 서비스를 개시하면서 순식간에 로힝야족을 향한 악의적인 글과 댓글이 엄청나게 쏟아져 나오던 시기와 맞물려 벌어졌다.[3] 그와 동시에 인도 일부 지역에서는 아동 유괴에 관한 거짓말이 바이러스처럼 급속히 확산되면서 정권의 불안정을 초래했다. 이런 유언비어가 전해진 건 대부분 페이스북의 왓츠앱을 통해서였다.[4] UN 보고서는 남수단에서는 소셜미디어가 사실상 엄청나게 치명적인 무기 역할을 하고 있으며, 그 원인은 다량으로 쏟아져나오는 영양가 없는 포스트라고 밝혔다.[5]

소셜미디어 피드는 작성자가 불분명한 기이한 글들로 가득하다. 범법행위가 벌어졌다고 주장하는 이런 기이한 글들은 피의 비방blood libel, 중세 시대 반유대주의에서 유래한 용어로, 특정인이나 집단에 대한 부당한 비방을 뜻한다의 일종으로, 특정 집단이 범하는 것으로 추정된다. 집단 학살을 선동하려는 목적으로 제작된 밈은 아이들에게 자행됐다고 주장하는 끔찍한 사건을 보고하곤 한다. 버머가 늘 그렇듯, 가장 고약하고 끔찍한 피해망상을 불러일으키는 메시지가 가장 큰 주목을 받으며, 사용자는 그런 메시지에 밑도 끝도 없이 사로잡혀 통제 불능의 불안정한 감정 상태가 된다.

이런 지역들은 과거에도 문제를 겪었다. 역사를 살펴보면 기괴하고, 사악하고, 미치광이 같은 정치인은 무수했다. 그뿐 아니라 대중적인 히스테리나 난폭한 군중의 망상에 따른 사건도 많았다. 그리고 그런 일을 겪은 나라들은 쇠망했다. 과연 지금 이 시대만큼은 예외라고 말할 수 있을까?

그건 오직 미래의 역사학자들만 알 수 있는 일이다. 내가 보기에는 이 세상이 뭔가 나쁘고 어두운 쪽으로 흘러가고 있으며 그것도 아주 최근에, 버머가 나타난 뒤에 갑자기 그렇게 된 것 같다. 우리가 전례 없는 공포를 목격하고 있는 건 아니다. 전에도 이런 일은 있었다. 하지만 발전의 궤적이 역으로 바뀐 듯하다. 우리는 갑작스럽게 끔찍한 과거의 악습으로 돌아가고 있다.

정치에서 소셜미디어와 관련된 전개는 대체로 이런 식으로 흘러간다. 힙hip하고 젊고 학식 있는 사람들이 소셜미디어 플랫폼 활동을 처음으로 시작한다. 소셜미디어가 힙하고 젊고 학식 있는 세상에서 나왔기 때문이다. 이들은 이상주의적이다. 이들은 진보주의자일 수도, 보수주의자일 수도 있고, 그 밖의 신념을 가진 사람일 수도 있다. 이들은 세상이 좀더 나은 곳이 되기를 진심으로 바란다. 이들은 버머 플랫폼을 만든 컴퓨터 전문가들과 그것을 사용하는 세상 사람들 모두를 좋아한다.

이들은 비교적 젊은 나이에 평범한 성공이 아니라 대단하고 극적인 성공을 이루지만, 이후 마법에라도 홀린 것처럼 틀어지기 시작한다. 버머는 결국 힙하고 젊고 학식 있는 이상주의자들보다는 목소리가 큰 꼴통과 사기꾼들에게 힘을 보태게 된다. 왜냐하면 장기적인 관점에서 버머는 다른 목적보다는 은밀하고 악의적인 조종에 더 잘 어울리기 때문이다.

버머는 어떤 악랄한 계획없이 초기의 이상주의자들을 조사하고 그들의 습관을 분류한다. 그렇게 되면 의도치 않게 이상주의자들을 일렬로 늘어세우는 효과가 나타난다. 그러면 버머는 그들을 타깃으로 흉측한 게시물들을 보여주게 된다. 통계적으로 그들은 짜증을 더 많이 느끼게 되고, 자신과 다른 부류의 사람들과 소통하기가 조금 더 힘들어져서 고립되고, 결국에는 정치적으로 온건파이거나 독단적인 사람들을 잘 용인하지 못하게 된다.

버머는 정치 과정의 기반을 약화시키고 수많은 사람들에게 피해를 안긴다. 그런데 상처 입은 사람들 대다수는 버머에 완전히 중독된 나머지 버머를 칭찬하는 것 외에는 달리 할 수 있는 게 없다. 그 재앙을 부른 장본인이 바로 버머인데도 말이다. 마치 스톡홀름 증후군에 걸렸거나, 눈에 안 보이는 밧줄에 묶여 상대에게 학대당하는 관계에 빠진 듯한 상태가 된다. 소셜미디어를 먼저 받아들였던 순수하고 맑은 이상주의자들은 그런 감정을 표출할 기회를 주고 다른 사람들과 화합할 수 있게 해주었던 버머에게 내내 고마워하면서, 그렇게 무너져버린다.

아랍의 봄

아랍의 봄Arab Spring, 2010년 말 튀니지에서 시작되어 아랍 중동 국가 및 북아프리

카로 확산된 반정부 시위운동으로 실리콘밸리에서는 떠들썩하게 자축하는 분위기가 형성됐다. 당시 실리콘밸리 사람들은 이 사건을 우리(실리콘밸리)의 승리라고 주장했다. 그즈음에는 '페이스북 혁명'이나 '트위터 혁명'이라는 비유가 흔히 들렸다.[6]

우리는 대형 화면 앞에 모여 앉아 카이로 타흐리르 광장에서 아이들이 독재 정권과 맞서는 것을 보면서 기쁨에 젖었다. 평범한 시민들이 소셜미디어를 이용해서 나토NATO군에 공습 목표 지점을 알려주었던 것을 대단하게 여겼다. 소셜미디어는 현대화된 육군이 평범한 소셜미디어 사용자들 손아귀에 놓이도록 만들었다.

과거에도 혁명은 늘 있었지만, 이번에는 뭔가가 달랐다.

예를 들면 조지 워싱턴이나 블라디미르 레닌처럼 카리스마 있는 인물이 없었다. 그래서 우리는 이것이야말로 진정 민중에 의한 혁명이었다고 생각했다. 부하들이 주위를 바삐 오가는 가운데 대형 테이블에 펼쳐진 지도 주위에서 얼굴을 맞대고 회의를 하는 장군들도 없었다. 통합 선언문이나 일반 협정서도 없었고, 심지어 혁명 후 어떤 일이 뒤따를 것인지에 관한 집중적인 논의조차 없었다. '민주주의'라는 용어가 등장하기는 했지만, 그 의미에 관한 논의는 거의 없었다. 민주주의는 온라인의 집단적인 힘이 더 나은 세상을 이끌 것이라는 얄팍한 믿음과 혼동됐다. 자체적으로 조직된 혁명이 악을 행할 리는 없었다. 그러니 이것이야말로 네트워크에 관한 우리 믿음의 실현이라고 생각했다.

나는 그런 생각에 동조하지 않았다. 내가 "저 애들이 어디서 일자리를 구하겠어?"라거나, 한 술 더 떠서 "트위터나 페이스북이 저 애들에게 일자리를 구해줄까?"라고 물으면 어떤 친구들은 내게 잔뜩 짜증을 내기도 했다. 나는 혁명은 혁명을 성취한 자들의 몫이지, 실리콘밸리 기업의 브랜드명이 끼어드는 건 잘못된 일이라고 불평했다.

결론부터 말하자면 실제로 아무도 그들에게 일자리를 제공하지 않았다. 신권 정치를 펴는 극단주의자들 말고는 이집트에 잔류하면서 일관적으로 권력을 주장한 세력은 없었고, 항의 시위로 깊은 인상을 남겼던 젊은이들은 거의 모두가 제대로 된 일자리를 찾지 못했다.

당시에 소셜미디어가 했던 건 늘 그렇듯 환상을 창조하는 역할이었다. 소셜미디어는 희망만 있으면 사회를 발전시킬 수 있다는 환상을 키웠다. 가장 분별 있는 사람들이 경쟁에서 이길 것이고, 물질적인 행복은 어떻게든 자체적으로 해결될 것이라는 생각이었다. 하지만 현실은 냉정하다. 환상이 깨지는 시점은 늘 한 발 늦은 때이며, 정권은 상스럽고 이기적이고 실정을 전혀 모르는 사람의 손에 넘어간다. 결국 꼴통이 아닌 사람들이 가장 큰 상처를 입는다.

당시 나는 상황을 냉소적으로 보는 관점이었지만 알고 보니 그 정도 냉소로는 턱도 없었던 듯하다. 첨단 기업의 브랜드들은 아무도 그 이후에 벌어진 상황을 자신들과 연관 짓고 싶어하지 않았으니 말이다.

과거에도 혁명에 대한 반동이 일어났으며, 혁명을 갈취하거나, 혁명이 변질되거나, 공포정치를 행하는 등 수많은 역기능이 발생한 적이 있다. 하지만 이번에는 뭔가 달랐다.

네트워크화된 허무주의의 공포가 폭발적으로 확산했다.[7] 젊은이들은 실리콘밸리 기업들이 유통시킨 가장 끔찍하고 가학적인 동영상에 빠졌는데, 그 영향력은 포르노와 비슷해서 이들이 잔혹성에 점차 중독됐다. 이런 일은 과거에도 흔히 일어났으며, 주로 조직적으로 진행됐다. 역사적으로 대량 학살의 현장은 패거리들이 저질렀다. 그러나 이제는 혼자 있기 좋아하는 사람들이 스스로 급진 과격주의자가 되고 있다.

가짜로 만든 세상에서 거들먹거리며 활보하고, 보잘것없는 환상에 사로잡혀 있으며, 위태로운 분노가 가득한 외로운 남성의 모습은 별로 낯설지 않다.

하지만 소셜미디어가 사회 발전 도구가 될 수 있다는 실리콘밸리의 믿음은 더럽혀지지 않았다. 내 안에도 여전히 그런 믿음이 있다. 지금 이 글을 쓰는 시점인 2018년 1월에, 이란 정권은 전국에서 터져나오는 저항을 억압하기 위해 소셜미디어 사용을 금지하고 나섰다. 그 소식을 접하며 마음속으로 이런 생각이 들었다. '그래! 맞아. 온라인 기술은 사람들이 조직적으로 움직이도록 도움을 주고, 대중은 입막음하려는 정권의 시도를

피할 수 있을 정도로 영리해질 거야.'

나는 그런 희망을 접고 싶지 않다. 누구도 그러고 싶지 않을 것이다. 하지만 애석하게도 관련 증거들은 전혀 희망적이지 않다.

게이머게이트

게임 업계에서 여성들이 목소리를 내기 시작했을 때 나는 희망을 느꼈다. 게임계는 여러모로 훌륭한 산업 분야이지만 잠재력을 충분히 발휘하지 못하고 있었다. 게임은 복잡한 쟁점들을 배우고 논의하는 새로운 장이 되어야 한다. 그런 시도가 조금씩은 있었지만, 게임 제작의 가장 큰 비중은 보통 동일 연령층만을 반복적으로 겨냥한다. 총을 들고 일정 지형을 횡단하면서 무언가를 쏘는 게임이다. 게임 업계는 레퍼토리를 반복하며 지금처럼 웅크려 있지 말고 날개를 활짝 펼쳐야 한다.

게임이 이처럼 폭을 넓혀야 한다고 생각한 개발자들은 소셜 미디어를 통해 생각을 교류하면서 왕성한 활동을 광범위하게 펼쳐나갔다. 사람들이 이들의 움직임에 주목했고, 분위기도 조금 바뀌기 시작했다. 그런 운동에 나선 개발자들 중에는 여성이 많았다.

그 뒤에 벌어진 일은 아랍의 봄에서 벌어졌던 일의 부유한 세계 버전이라고 할 수 있다. 반응은 놀라울 정도로 극단적이고 추잡했으며 게임에 대한 다른 반응들과 차원이 완전히 달랐다.

컴퓨터와 모바일 게임에 관한 의견을 꺼냈던 여성들은 이제는 이미 흔한 일이 되어버린 악랄한 방식으로 공격당했다. 공격자들은 그 여성들과 그 가족들이 살해되고 강간당하는 장면을 담은 가짜 영상을 만들어 무차별적으로 전송했다.[8] 또 이들의 개인 정보를 공개하고, 사람들 눈에 띄지 않는 곳으로 숨어버리라고 위협했다.[9]

게임 업계 비판자들을 처단하려는 이런 운동은 '게이머게이트Gamergate'라는 이름으로 알려졌다. 이를 지지하는 사람들과는 전혀 대화를 나눌 수가 없다. 이들은 음모론과 좀스러운 환상에서 나온 천치 같은 논쟁의 울창한 밀림 속 우리와 다른 세계에 살면서, 통제가 안 되는 위험한 분노를 터뜨리고 있기 때문이다.

게이머게이트는 대안 우파Alt-right, 미국 주류 보수주의의 대안으로서 제시된 극우 세력의 한 부류로 반세계화, 반이민, 반유대주의, 반이슬람, 반페미니즘, 백인 우월주의를 내세운다를 선동하는 계기이자 본보기가 되었다.[10]

LGBTQ

미국에서는 2016년 대통령 선거가 있기 몇 년 전부터 성소수자LGBTQ, 레즈비언, 게이, 양성애자, 트랜스젠더, 퀴어를 합쳐서 부르는 단어 관련 법률이 수정되기 시작했다. 동성 결혼이 합법화됐으며, 트랜스젠더들이 자신의 존재를 알리고 사람들에게 더 많이 인정받게 됐다. 그 과정에 소셜미디어가 상당한 역할을 했음은 의심의 여지가 없다.

하지만 그것은 버머에 따른 퇴보 과정의 첫 단계였을 뿐이다. 이를테면 신혼여행 같은 시기였던 것이다. 선의를 품은 사람들이 역사에 남을 정도로 순조로운 승리를 거두자 우리가 상상할 수 있는 그 어떤 수준의 사회적 개선이든 모두 쉽게 이루어질 것 같은 기분이 들었다.

그런 반응은 흔히 마약에 취했을 때 나타난다고 알려진 징후와 비슷하다. 믿기 힘들 정도로 쉽사리 황홀경에 빠져들지만 그 뒤로는 불가피하게 비극적으로 추락한다.

버머 정치의 다음 단계는 꼴통들이 버머가 자신들에게 득이 된다는 것을 깨닫는 단계로, 온갖 부류의 꼴통들이 나타난다. 그들은 지금 막 승리를 거둔 선의를 가진 사람들보다 더 많은 관심을 받는다. 한참 동안 세상에 드러나지 않았던 무시무시한 편견과 혐오를 발굴해서, 그런 혐오를 대세의 의견으로 만든다.

그다음엔 흥미롭게도 더 큰 꼴통들이 얼리어댑터 꼴통들을 교묘하게 조종한다. 그리고 나면 나쁜 일들이 줄줄이 일어나기 시작한다. 거대하고 무시무시한 꼴통들이 선거에서 당선되고, 어리석은 외국인 혐오증이 부상하며, 평범한 사람들이 불쾌하고 불필요한 물질적 손해를 겪고, 사회 내에 전운이 감돈다.

미국의 경우 성소수자의 존엄과 권리의 문제가 선거 동안의 논쟁에서 건드릴 수 없는 쟁점이었음에도, 엄청나게 극단적인 반反성소수자들이 국가 최고 요직에 올랐다.[11]

버머가 성소수자들을 특별히 배척하는 건 아니다. 하지만 이들에게 소홀할 수는 있다. 버머가 편드는 대상은 사기꾼과 꼴통들이다. 그들은 부품 A와 F로, 버머 돛에 부는 바람과 마찬가지이기 때문이다.

좌편향도 우편향도 아닌 하향평준화

버머는 진보도 아니고 보수도 아니다. 그저 친親피해망상, 친흥분, 친꼴통 근성일 뿐이다.

기억하겠지만 버머가 처음부터 그렇게 작용하는 건 아니다. 처음에는 선량한 얼리어댑터들에게 힘이 된다. 하지만 일단 이런 선량한 사람들이 유형별로 분류되고, 알고리즘이 이들을 조사하고 시험해서 교묘하게 조종할 수 있는 바탕이 마련되면 그때 꼴통들이 주도권을 잡는다.

내가 진보주의자이든 아니든 무슨 상관이 있겠는가? 지조 있는 보수주의자들은 혹시 이제껏 버머에게 이로운 쪽으로 도움을 받았다고 생각할까? 보수적인 복음주의 기독교인인 내 친구들은 음탕한 사람, 무정한 바람둥이와 학대자, 도박으로 큰 돈을 벌었다가 날린 사람, 신의 용서가 필요하지도 않고 용서를 구하고 싶지도 않다며 당당하게 말하는 사람을 지지하는 소셜미디어 커뮤니티에 갑자기 자기도 모르게 딸려 들어오게 됐다고 말한다.[12] 애국적인 강경파 보수주의자인 친구들도 외국의 적대적인 세력의 이기적이고 불법적인 개입이 있지 않고서는 절대 그 자리에 있을 수 없었던 지도자와 함께하게 됐다고 말한다. 버머가 보수주의를 어떻게 만들었는지 잘 보라.

진보주의자들도 마찬가지 상황에 놓인다. 버니의 형제들 Bernie Bros이라고도 불렸던 버니 샌더스 전 의원의 지지자 무리에서 생겼던 일을 기억하는가? 일부 진보주의 진영에서 종교에 빠진 사람처럼 힐러리를 잔인하게 조롱하고도 아무렇지 않게 생각했던 것을 기억하는가? 버머 시대에는 무엇이 순수한 진짜이고 무엇이 조작된 것인지를 구별할 수가 없다.[13]

버머가 미국 정치에서 민주당원들보다 공화당원의 편을 들었던 건 무작위적인 결과이지만, 공화당 중에서도 가장 괴팍하고 권위주의적이며, 피해망상적인 데다 부족주의적인 사람의 편을 든 것은 무작위적인 결과가 아니다.[14] 이 모든 특성은 진보주의자들도 똑같이 가지고 있다. 미국판 우고 차베스가 후보로 나왔다면, 그 사람이 대통령이 될 수도 있었다. 미래에 그런 일이 생길지도 모른다. 얼마나 끔찍한가!

나는 진보주의자이지만 버머에 중독된 진보주의 지도자라면 트럼프보다 나을 게 전혀 없다고 생각한다. 버머와 결탁한 지도자라면 좌익이든 우익이든 다를 바가 없다.

페이스북이 어떻게 '끔찍한 사기꾼' 후보를 선호할 수 있었는가는 잘 알려져 있지만, 그 구체적인 내용은 여전히 불투명하다. 선거 후보자든 다른 고객이든 페이스북을 통해서 사용자들의 주의를 집중시킬 권리를 구매하면, 알고리즘은 단순히 고객이 돈을 얼마나 썼는가뿐만 아니라 그 고객이 페이스북 사용량을 얼마나 늘렸는가도 평가해서 확산의 양을 결정한다. 트럼프 선거 캠프에서 소셜미디어 전략을 담당했던 사람들이 주장했던 바로는[15] 정해진 금액을 기준으로 계산했을 때 트럼프가 클린턴 캠프보다 수백 배 더 많은 확산 기회를 얻었다고[16] 한다. 페이스북은 이를 반박했지만 관련 정황을 투명하게 밝힐 수 있을 만큼 충분한 정보를 내놓지는 않았다.[17] 증배기multiplier라는 것이 있었다면, 아마도 트럼프 선거 캠프에서 페이스북에서 직접 샀던 것만큼이나 많은 접촉 기회를 러시아 정보원과 친親트럼프 단체들도 샀을 것이다. 알고리즘은 그런 부분에 신경을 쓸 수도 없고 쓰지도 않는다.

선거 1년 뒤에 밝혀진 흥미로운 사실에 따르면 페이스북이 클린턴과 트럼프 선거 캠프 현장팀 모두에게 페이스북 플랫폼의 사용을 최대화하는 데 협조해달라고 제의했지만, 오로지 트럼프 캠프에서만 그 제의를 수락했다고 한다.[18] 클린턴이 페이스북 직원을 캠프 사무실에 들이겠다고 동의했다면 선거에서 승리했을 수도 있다. 득표율 차이가 워낙 적었기 때문에, 아무리 작은 것이라도 상황을 반전시킬 만한 요인이 있었다면 결과에 영향을 주었을 것이다.

페이스북과 그 밖의 버머 기업들은 인간의 주의 집중을 담보로 하는 랜섬웨어ransomware가 되어가고 있다. 그들은 날마다 너무 많은 시간 동안 너무 많은 사람의 주의를 너무 많이 붙드는 뇌의 문지기 같은 존재가 되었다.

이런 상황은 영혼이 천국에 들어갈 수 있게 해주는 조건으로 때로는 돈까지 요구하면서 면죄부를 주었던 중세 가톨릭교회의 면죄부 관행을 연상시킨다. 면죄부는 프로테스탄트들이 가톨릭에서 분파하는 원인이 된 주요한 불만 사항 중 하나였다. 마치 페이스북이 "돈을 내라. 아니면 생존하지 못할 것이다"라고 말하는 것과 마찬가지다.

이들은 생존 문제를 틀어쥔 마피아가 되어가고 있다.

흑인의 목숨도 소중하다

미국에서 경찰이 무장하지 않은 흑인 시민을 끔찍하게 살해한 사건이 연달아 발생한 이후, 동조적인 소셜미디어 사용자들의 초기 반응은 현명하고 냉정할 뿐 아니라 건설적이었다. 이런 살인 사건들의 발생과 그 사건들의 빈번함, 유사성에 관한 소식을 소셜미디어를 제외한 다른 곳에서는 거의 듣기 힘들었다고 말해야 할 정도다.

처음에 소셜미디어는 인류의 공동체 의식을 불러일으켰다. 나는 이들의 슬로건인 '흑인의 목숨도 소중하다Black Lives Matter'를 처음 접하고 대단히 현명한 데다 주의 깊은 접근이라는 느낌을 받았다. 누구를 욕하지도, 비판하지도 않았다. '아이들은 소중한 존재다'라는 문구처럼, 그저 사람들의 주의를 환기시키는 말이었다. 다른 많은 사람도 나와 비슷한 느낌을 받았으리라 추측한다. 비록 그로부터 얼마 지나지 않아 그 사람들 중 다수가 그 슬로건을 비웃게 되었지만 말이다.

'흑인의 목숨도 소중하다'는 구호는 버머 행동주의에서 전형적으로 나타나는 초기의 허니문 단계에 등장해서 명성을 얻었다. 늘 그렇듯, 초기 단계에서는 희망적이고 중요하다는 느낌이 들었다. 버머는 흑인 운동가들에게 힘과 영향력의 새로운 수단이 되어주었다. 버머 기업들에도 물론 돈과 영향력이 더 생기지만, 새로운 집단의 버머 사용자들에게도 더 큰 권한이 생긴다. 서로 윈윈하는 일이다. 그렇지 않은가?

하지만 바로 그 허니문 시기에 무대 뒤에서는 더 영향력이 크고 깊은 강력한 파워 게임이 태세를 갖춰가고 있었다. 가장 중요한 그 게임은 눈에 안 보이는 곳에서, 전 세계 곳곳에 은밀히 감춰진 거대 데이터 센터의 알고리즘 기계에서 진행됐다.

흑인 운동가와 동조자들은 면밀히 분류되고 연구됐다. 어떤 표현이 이들을 흥분시키는가? 무엇이 이들을 짜증나게 만드는가? 어떤 사소한 대상, 일화, 동영상 등이 이들을 버머에 묶어 두는가? 무엇이 이들을 눈송이처럼 잘게 쪼개서 서서히 고립시킬까? 무엇을 통해 갈수록 행동수정 메시지가 목표 대상에게 잘 전달될 수 있도록 할까? 목적은 이 운동을 억압하는 것이 아니라 돈을 버는 것이며, 그 과정은 자동적이고 반복적인 데다 상상력 없고 무자비한 방식으로 진행된다.

그러는 동안에 자연스럽게 흑인 운동이 얼마나 사람들의 관심을 모으고 약 올리고 여타 인구 집단들을 경악시키는 능력이 있는가가 조사됐다. 다른 인구 집단들도 마찬가지로 알고리즘의 분석 대상이었다. 그러면서 알고리즘은 예전 같으면 서로 연결되어 집단적인 힘을 갖기 힘들었을 잠재적인 백인 우월주의자들과 인종차별주의자 계층을 맹목적, 기계적으로 찾아 모았는데, 처음에는 그저 수익을 얻기 위해 자동적으로 시작한 활동이었다. 그런데 이 일은 버머 흑인 운동가들을 구조화하고 이들을 도발의 수단으로 어떻게 활용할 것인가를 알고리즘으로 계산한 바탕이 없었다면 불가능했다.

버머는 그 특성상 사람들을 집단별로 분류하고 꼴통들을 만들어낸다. 그 뒤에는 러시아인들을 비롯한 여러 고객이 이런 환경을 이용하기 위해 나타난다. 실제로 러시아인들이 개입했을 당시 그들은 버머가 제공한 사용자 인터페이스의 덕을 톡톡히 봤다. 버머의 고객인 '광고주'들은 그런 인터페이스를 통해 표적인구 계층의 주의를 끄는 효력이 검증된 메시지를 전송할 수 있다.

'흑인의 목숨도 소중하다'는 도움을 구하는 요청보다는 도발과 조롱의 대상으로 더 많이 알려지게 됐다. 알고리즘의 파괴력에 뒤따라서 메시지 반달vandal, 웹 페이지에서 사용자에게 유해하거나 적어도 불편을 주게 만들어진 수행 파일이 실행될 경우, 어떤 메시지든 특정 인구 집단을 선동하도록 재구성될 수 있기 때문이다. 이는 부품 F와 A가 결합한 형태다.

그사이 인종주의는 버머의 가동과 함께 지난 여러 세대 동안에 유례가 없던 방식으로 철저하게 체계화된다.

이런 비통한 현실을 인정하지 않아도 된다면 얼마나 좋을까. 사람들이 버머에 의해서 교묘히 조종당하는 더 큰 그림을 제외하고 본다면, 버머 활동 중에서 사용자 대 사용자 수준에서 일어나는 일 대부분은 아주 좋고 멋지다. 버머에서 사람들이 직접적으로 의식하는 부분만 따로 떼어놓고 생각할 경우에는 대개 더할 나위 없이 훌륭해 보인다.

블랙 트위터Black Twitter, 미국 흑인 사회 이슈를 주로 다루는 흑인 트위터 사용자들의 문화적 정체성가 그 좋은 예다. 블랙 트위터는 하나의 뚜렷한 수단이자 문헌이다. 블랙 트위터에는 불가사의한 창조력과 표현력이 있다. 그리고 명인의 탁월함이 느껴진다. 미국 프로미식축구연맹NFL의 '무릎 꿇기 스캔들'경찰에 흑인들이 희생된 사건에 항의하는 뜻으로 NFL 선수들과 관계자들이 경기 전 국가 제창 때 기립을 거부하고 한쪽 무릎을 꿇으며 항의한 시위가 거듭되자, 트럼프가 트위터에서 노골적으로 욕하면서 사회 각계에서 비판이 일었던 사건 같은 사례를 보면, 블랙 트위터의 처신은 트럼프보다 훨씬 뛰어났다. 그러는 동안에도 트위터 사용자들이 의식하는 틀 밖의 영역은 블랙 트위터를 포섭해서 무력하게 만드는 데 대단히 유리한 쪽으로 계속해서 흘러갔다.

내가 블랙 트위터를 칭찬하는 건 그것이 워낙 뛰어나기 때문이다. 그런데 이 블랙 트위터가 실은 잔인한 덫이었다는 사실을 짚고 넘어갈 필요가 있다. 언젠가는 버머에 종속되어 사람들을 은밀히 조사해서 조종하도록 설계되지 않은, 블랙 트위터처럼 멋지고 유려한 커뮤니티가 정말로 생겼으면 좋겠다.

나도 내 판단이 틀렸기를 바라지만, 버머에 관한 사실이 더 많이 밝혀질수록 사태의 심각성이 드러난다.

대통령 선거 1년 뒤에 진실이 흘러나오기 시작했다. 저명한 '흑인' 운동가들 중 일부는 러시아에서 정보전을 위해 만든 가짜, 즉 버머의 부품 F였음이 드러난 것이다. 러시아 측의 목표는 흑인 운동가들의 심기를 건드려서 힐러리에게 표를 주고 싶은 마음이 식게 만드는 것임이 분명했다. 유권자들이 투표할 확률을 통계적으로 낮추기 위해서다.

그렇다고 러시아 측이 명확하고 신뢰성 있는 방식으로 사람들 머릿속에 어떤 생각을 주입했던 건 아니다. 이 전략의 표적이 됐던 사람들이 나머지 사람들보다 특별히 생각, 지식, 의지가 박약했던 것도 아니다. 벌어졌던 일의 대부분은 아마도 냉소주의, 멸시하는 태도, 절망감을 레드라이닝redlining했던 데 따른 결과일 것이다. 참고로 '레드라이닝'은 예로부터 미국 은행들이 흑인들이 주로 사는 빈곤층 거주지역을 탐탁잖게 여겨서 해당 지역의 신용도 평가 알고리즘을 불공정하게 운영해왔던 교활한 행위를 의미한다. 힐러리를 비판했던 사람들이 타당하지 않은 생각을 했다거나 유권자들의 정서가 무지에서 비롯됐다고 말하는 게 아니다. 그저 그런 자극으로 유권자들의 감정이 아주 미묘하게, 그러나 투표율을 약간 낮추기에는 충분할 만큼 변경되었다는 사실을 지적하는 것이다.

페이스북이 이미 자신들이 투표율에 변화를 줄 수 있었다는 연구 결과를 떠들썩하게 발표한 적이 있다는 사실을 기억하라.[19] 공개적으로 발표되었던 그 연구에서 페이스북은 투표율이 실제로 높아졌던 끔찍한 결과를 보고했다. 하지만 페이스북이 중점을 두는 여러 분야 중 하나가 정치적인 성향을 계산하고 겨냥하는 것이다.[20] 페이스북이 사람들을 우울하게 만들 수 있다는 사실이 이미 증명되었기 때문에,[21] 소셜미디어 네트워크는 투표를 하러 갈 가능성이 크다는 이유로 목표 대상이 된 유권자들의 투표 의지를 억누르는 데에도 활용될 가능성이 충분히 있다.

그렇다고 페이스북이 어떤 특정 부류의 유권자를 선호한다는 뜻은 전혀 아니다. 누구를 선호하느냐는 페이스북 고객들에게 달린 문제이며, 다시 말하지만 당신을 포함한 페이스북 사용자들은 고객이 아니다.

페이스북은 무슨 일이 벌어지고 있는가를 잘 모를 수도 있다. 소셜미디어 기업으로서는 잘 모르는 게 더 유리할 수도 있다. 책잡힐 우려는 줄고 돈은 똑같이 벌 수 있으니 말이다.

특정한 선거에서 유권자들의 투표를 억압하거나 촉진하기 위해 알고리즘적인 테스트가 진행됐는지, 그것을 통해 어떤 새로운 사실을 파악했는지는 절대 알 길이 없다. 가령 신문 헤드라인의 특정 단어가 영향을 끼칠 수 있고, 어떤 유명 인사를 다룬 뉴스와 나란하게 특정한 광고를 배치할 경우 일정 부류의 사람들을 짜증나게 만들 가능성이 높아지지만, 이런 공식이 통하는 건 오직 특정한 자동차를 좋아하는 사람들에 한정될 수도 있다.

우리가 추측할 수 있는 건 통계가 원동력인 어떤 기업이 성과를 최적화하기 위해 지속적으로 알고리즘을 업그레이드해나가고 있다는 사실뿐이다.

버머도, 러시아 정보요원들도 실제 흑인 운동에 관해서는 어떤 식으로든 관심을 가질 이유가 없었다. (공교롭게도 버머 기업에서 일하는 사람들은 대개 진보주의자이며, 아마도 흑인 운동에 가장 많이 동조하는 사람들일 것이다. 하지만 그들이 대중을 교묘히 조종하는 비즈니스 모델을 고수하는 한 그들의 정치적 성향은 그들이 세상에 끼치는 어떤 영향과는 완전히 무관하다.)

버머는 사람들이 짜증을 내며 집착하거나 분열되어 서로 화를 낼 때 돈을 더 많이 버는데, 이는 러시아 측의 이해관계와 완벽히 맞아떨어진다. 버머는 쓰레기 같은 존재다. 진실한 조직을 냉소적인 분열에 빠져들게 만든다. 본질적으로 무자비한 사기 행위다.

흑인 운동가들은 즉각적으로 소통할 수 있는 버머에서의 상호작용을 좋게 받아들일 이유가 충분하다. 그 관점에서는 그런 상호작용에 진정한 아름다움과 깊이가 있다. 배후에 다른 계략이 진행 중이라고 해서 눈에 보이는 활동이 무의미한 건 아니다. 전체적인 그림을 살펴보는 건 궁극적인 결과를 이해하려 하는 경우에만 유의미하다.

운동가들은 세상에 열심히 메시지를 전하고 있다고 확신할지 모르지만, 흑인 운동가들이 정치적, 물질적 측면을 비롯해 모든 중요한 측면에서 엄청난 기반을 버머 세계 바깥에서 잃었다는 데에는 반론의 여지가 없다.

늘 그렇듯 알고리즘이 불러온 끔찍한 결과가 나타난 뒤에 배신당하고 바보처럼 이용만 당했던 사람들 대다수는 달리 반응하지 못하고 그저 버머를 칭찬할 뿐이다.

2016년 미국 대선에서 나타났던 부품 F의 사례 중 하나로 러시아에서 운영했던 블랙티비스트Blacktivist라는 계정이 있다. 선거 1년 뒤에 블랙티비스트 배후 단체의 정체가 드러났을 때 기자들은 진짜 흑인 운동가들에게 이 사건에 대해 어떻게 생각하는지를 물었다.[22] 다행히 일부 운동가들에게는 격분할 힘이 아직 남아 있었던 듯하다. 한 운동가는 "그들은 자신의 이득을 위해 우리의 고통을 이용하고 있다. 나는 깊은 혐오감을 느낀다"라고 말했다고 한다. 자신이 술책에 넘어갔다는 사실을 용납하기가 쉽지 않다는 걸 고려하면 상당히 교양 있고 타당하며 용감한 진술이라 하겠다.

사람들은 대개 합리화하려는 경향이 있다. 이를테면 어떤 인권 전문 변호사는 같은 기자와 인터뷰하면서 이렇게 말했다. "책임과 정의에 보탬이 되는 일을 누군가가 계획한다면, 나는 그가 누구이며 동기가 무엇인지는 별로 신경 쓰지 않는다." 이는 버머가 실행되는 화면 밖의 더 큰 그림을 무시하고 익숙한 경험의 틀 밖을 쳐다보지 않으려 하는 사람들의 전형적인 합리화다.

결국 가장 중요한 건 흑인 소셜미디어가 의도치 않게 유권자 억압에 최적화된 새로운 도구에 힘을 보탰으며, 그 원인은 버머의 돈벌이였다는 사실이다. 선거구를 자기네 정당에 유리하게 바꾸고, 유권자들이 투표소에 가는 것을 어렵게 만들며, 투표자 등록 규정을 불공평하게 만드는 것만으로는 유권자들의 투표를 저지하기에 불충분하기라도 한 것처럼 말이다.

힐러리를 찍으려고 했던 사람들 중 많은 이가 힐러리에게 별로 안 좋은 감정을 갖게 되거나 투표를 하고 싶은 의욕을 잃었다. 당신도 혹시 그 사람들 중 한 명이 아니었는가? 만일 그렇다면 돌이켜서 생각을 더듬어보라. 선거 전에 맞춤형 정보를 받아본 기억은 혹시 없는가? 트위터나 페이스북을 사용하지는 않았는가? 온라인 검색을 많이 사용하지 않았는가?

당신은 사기 당했다. 속임수에 넘어갔다. 좋은 의도를 품고 있었지만 배반당했다.

이 게임이 이미 끝난 것이라면 얼마나 좋을까

모욕과 거짓말로 얼룩진 지금 같은 분위기가 이제는 아무렇지도 않게 느껴질지 몰라도,[23] 예전에는 전혀 이렇지 않았다. 나는 이 시대를 사는 아이들이 이렇게 엉망인 환경에서 자라면서 세상은 원래 이런 곳이라고 믿게 될까봐 염려된다.

내가 이 책을 쓰는 동안, 여성에 대한 성폭력에 반대하는 '미투#metoo'라는 이름의 새로운 소셜미디어 운동이 일고 있다. 버머 알고리즘은 내가 이 글을 타이핑하는 바로 지금 이 순간에도 미투 운동에 관한 모든 것을 게걸스럽게 수집하고 있을 것이다. 버머는 어떻게 어딘가에 있는 어떤 꼴통에게 영향력을 실어서, 그가 다른 누군가를 약 오르게 만듦으로써 이목을 집중시키고 사람들을 조종할 수 있을까? 어떻게 운동가들을 들들 볶아서 동조감을 덜 느끼게 만들까? 세상을 망칠 방법을 찾아 헤매는 광고주(조종자)들에 의해 또 어떤 가능성이 발견될까?[24]

소셜미디어는
당신의 영혼을
싫어한다

형이상학적인 비유를 접하다

앞선 아홉 가지 논점에서는 버머가 사람들 내면과 사람들 간의 관계에 혼란과 지장을 초래하는 복합적인 양상을 다루었다.

지금까지 살펴본 내용을 정리하면, 다른 사람들의 피드에 어떤 내용이 전달되는지 알 수 없고 다른 사람들도 우리 피드를 볼 수 없게 되면서 타인을 제대로 이해하기가 힘들어졌다. 우리가 어떤 맥락에서 이해될 것인가를 알 수 없기 때문에 다른 사람들의 공감을 기대하기도 힘들어졌다. 우리는 꼴통 같은 사람들이 되어가고, 행복감은 낮아지고 있다. 이런 현상들은 버머가 초래한 또 다른 피해인, 거울像이다. 세상을 알고 진실을 아는 우리들의 능력이 저하되는 가운데, 우리를 알아보는 세상의 능력도 변질됐다. 정치는 비현실적이며 무시무시해져가고, 경제는 비현실적이며 지속 불가능해지고 있다. 이는 동전의 양면이다.

이 모든 양면적 상황은 인간의 조건에 변화의 기류를 형성했다. 변화의 폭이 너무 광범위해 첫 번째 논점에서 제시했던 설명적 비유가 무척 소심했던 건 아닌지 되물어야 할 정도다. 첫 번째 논점에서는 버머 사용자들이 중독성이 강한 행동수정 장치에 갇혀 있다고 설명했다. 앞서 언급했듯 일부 버머 기업 설립자들은 이 설명 방식대로 버머에 대한 그들의 후회를 표했으며, 실제로 많은 상황이 들어맞는 설명이기도 하다. 이런 이론적 틀은 분명 유용하다. 하지만 이 설명만으로 과연 충분할까?

행동수정 실험 우리cage는 한 번에 한 가지 생명체의 행동만 조종할 수 있다. 하지만 사회 전체가 조직화된 방식으로 조종되는 경우에는 좀더 크고 넓은 설명적 틀을 도입해야 한다. 선택지가 그리 많지는 않은데, 그나마 가장 명확한 것으로는 종교를 꼽을 수 있다.

계정을 삭제해야 할 근거로 제시했던 쟁점은 언뜻 보기에는 현실적인 쟁점(예를 들면 '신뢰'처럼)으로 느껴질지 모르지만, 더 면밀히 살펴보면 인간의 존재 의미와 관련된 대단히 깊고 미묘한 문제다.

버머를 사용할 때 당신은 암묵적으로 새로운 영적 체계를 수락한다. 이 새로운 체계는 우리가 흔히 읽지 않고 무조건 '동의함'을 클릭해버리는 사용자 라이선스 약관EULA과 비슷하다.

당신은 당신의 영혼과의 사적인 관계에서 무언가를 바꾸겠다고 동의해야 한다. 통계적으로 봤을 때 실제로 당신은 버머를 사용할 때 종교적 가치를 실질적으로 포기한 적이 있을지 모른다. 설사 그 종교라는 것이 무신론이 되었더라도 말이다. 당신은 버머를 사용하면서 새로운 영적 체계를 권유받는다.

나는 수사학적인 효과를 노리고 과장하거나 멋있어 보이려고 이런 말을 꺼내는 것이 아니다. 지금 하는 설명은 실제 벌어지는 일을 사람들이 제대로 볼 수 있기를 바라는 진심 어린 노력이다.

첫 네 가지 논점을 영성의 관점에서 분석하면

이 책에서 살펴봤던 논점 중 첫 네 가지를 영적인 측면에서 재고해보도록 하자.

첫 번째 논점에서는 자유의지에 관한 문제를 다뤘다. 자유의지는 불가사의한 개념이며 일종의 믿음이다. 자유의지라는 것이 과연 말이 되기나 하는 걸까? 자유의지란 사실 없는 것인지도, 어쩌면 환상인지도 모른다. 그러나 종교들은 일반적으로 자유의지가 실재한다고 설명한다. 카르마를 더 나은 쪽으로 바꾸겠다고 결심하거나 천국에 가기 위해 도덕적인 삶을 살기로 선택하는 건 모두 자유의지가 있어야만 가능한 일이다. 불교에서 가장 영적인 경지에 이른 사람들도 애초부터 자유의지가 있어야만 그런 초월 상태를 자유롭게 추구할 수 있다.

자유의지라는 개념은 어떻게 보면 고리타분하게 느껴질 수도 있다. 그래서 시대를 선도하는 외골수 같은 철학자, 공학자, 혁명가들은 이미 수 세기 전부터 자유의지에 의문을 제기해왔다.

이들은 사람을 자연적으로 진화한 기계로 받아들이면 어떻겠느냐는 의문을 제기한다. 그러면 예의 바르게 행동하도록 사람들을 프로그래밍할 수 있고, 인간의 원대한 계획을 번성시킬 수도 있지 않을까 생각하는 것이다. 실제로 행동주의자, 공산주의자, 이 시대의 실리콘밸리 소셜 엔지니어들 모두 그런 목표를 달성하기 위해 노력해왔다.

하지만 너드들이 자유의지를 무대 밖으로 끌어내리려고 할 때마다, 자유의지는 매번 새로운 장소에서 증폭된 상태로 터져나왔다. 자유의지를 옹호하는 열성적인 사람들은 인류 공동의 알고리즘이나 인공지능이 개인의 창의력을 능가할 것이라고 주장하면서도, 필연적으로 '실리콘밸리의 기업가, 인공지능 프로그래머, 새로운 이데올로기를 제시하고 이끄는 이들이야말로 세상을 바꾸며, 우주에 흠집을 내고(스티브 잡스가 썼던 표현이다), 미래 계획을 세우는 선지자다'라고 주장할 것이다.

버머와 관계를 맺으며 처음에는 자유의지가 소멸하는 것처럼 느껴지기도 한다. 당신은 선택권을 세계 저 멀리 있는 기업과 그 기업의 고객들에게 넘겨준다. 각자가 져야 할 자유의지의 부담을 그들이 통계에 따라 대신 행사하면서, 그 부분은 더 이상 당신이 이해할 수 없는 영역이 된다. 버머는 당신이 어떤 정보를 받아들이고, 무엇에 관심을 갖고, 무엇을 해야 하는가를 결정하기 시작한다. 그런데 공공연히 알려졌듯이 버머 기업을 이끄는 사람들은 터무니없이 짧은 시간 안에 엄청난 부와 권력을 축적했다. 만일 자유의지가 존재하지 않는다면 그들이 누리는 부와 권력이 어떻게 존재할 수 있겠는가?

즉 기본적으로 버머는 자유의지의 본질에 존재론적인 변화가 아니라 구조적인 변화를 불러온다. 쏟아지는 모욕 속에 있기는 하지만 그래도 자유의지는 앞으로도 계속 존재할 것이다. 중요한 변화가 있다면 이제 당신이 가진 자유의지가 줄어들었고 대신에 소수의 몇몇 사람이 자유의지를 더 많이 갖게 됐는데, 그게 누구인지를 당신은 모른다는 점이다. 당신이 가지고 있던 자유의지의 일부가 그들에게 이전된 것이다. 자유의지는 미국 남북전쟁 이후 대호황 시대의 돈과 같은 존재가 된다.

이런 변화는 경제와 정치를 초월해 나타나는데, 지도자들에게만 하늘이 권한을 내렸다고 설명하는 종교들과 비슷한 유형의 주장이라고 볼 수 있다.

두 번째 논점에서는 내가 버머라고 이름 붙인 체계의 구체적인 문제를 기술했다. 나는 현대성의 모든 것에 절망하기보다는 변화가 필요한 대상의 범위를 최대한 명확히 규정하고자 했다.

그리고 이 체계는 일련의 기술이라기보다는 비뚤어진 동기를 자극하는 사업 방식이라는 사실을 앞서 확인했다.

종교와의 유사성은 여기에도 있다. 내가 버머를 반대하는 것은 프로테스탄트들이 면죄부에 반기를 들었던 상황과 비슷한 것일지도 모른다. 사람들이 어떤 종교의 핵심 교리에 반박하지는 않더라도 그 세부 방식이나 체계에 거부 의사를 밝힌 사례는 오래전부터 있었다.

내가 제시한 버머 이론이 옳다면 인터넷이라는 프로젝트 자체에는 잘못이 없다. 우리는 인터넷의 핵심적인 기능을 계속해서 즐길 수 있다. 버머 기업들은 버머가 사라지면 휴대용 전자기기나 인터넷도 없고 어려움을 헤쳐나가도록 도와줄 집단들도 없어지는 것이라고 믿기를 바라지만, 그건 거짓말이다. 타락한 교회에 출석하면 그 교회의 비도덕성을 지지하는 셈이 되는 것처럼 버머를 사용하면 그런 거짓말을 높이 기리고 부추기게 된다.

세 번째 논점은 사람들이 꼴통이 되는 문제를 다뤘다. 우리가 모든 사람에게 항상 꼴통같이 행동하게 되었다는 의미가 아니라, 그저 내면의 단독-무리 스위치가 '무리'에 맞춰지게 된다는 의미였음을 기억하자. 당신은 당신이 속한 무리 안, 그리고 당신 무리와 다른 무리들 사이의 관계에 집중한다. 그러면서 무리 안에서 자신보다 계급이 낮은 사람, 다른 무리의 구성원들, 때로는 무리 안 경쟁자인 동료들에게 꼴통같이 처신한다.

현재와 과거의 역사에 종교가 세계의 분쟁에 어떤 역할을 했는가를 돌아보면 종교에도 동일한 역학이 존재한다는 것을 알 수 있다. 앞서 정치에 관한 논쟁에서 애석한 사례를 살펴보며 확인했듯, 종교가 사람들을 최대한 열정적으로 '참여'시키려고 애쓰는 과정에 발생했던 해묵은 갈등이 버머에서도 똑같이 나타난다.

네 번째 논점에서는 진실의 기반이 흔들리는 현실을 논했는데, 이는 영적인 측면에서도 중요한 문제다.

엄격한 종교에서는 뒷받침할 근거가 없거니와 그를 반증하는 증거가 버젓이 있는 사실을 믿어야 한다고 신자들에게 강요하기도 한다. 예컨대 어떤 종교 신자들은 여전히 태양이 지구 주위를 돈다고 믿는다.[1]

어떤 체계를 통해 그렇게 보고 들었다는 이유만으로 무언가를 믿으면, 자신의 인식력을 그 체계에 넘겨줘버리게 된다. 버머 중독자들은 버머를 이용하기 위해 몇 가지 터무니없는 개념을 용인할 수밖에 없다. 알고리즘이 별로 훌륭하지 못하다는 증거가 있더라도 버머 알고리즘의 지혜를 신뢰하고 알고리즘이 읽으라고 알려주는 것을 읽어야 한다.[2] 버머 세계에서는 악플 등의 공격을 당하지 않기 위해 얼토당토않은 음모론을 받아들여야 할 때가 많다. 그리고 소셜네트워크 알고리즘이 당신과 대립

되는 집단으로 분류한 사람들을 경멸하는 세계관을 가질 수밖에 없다.[3]

내가 지금 설명하면서 '영적'이라는 용어와 '종교적'이라는 용어를 양쪽 다 사용하는 이유는 두 가지에 약간의 차이가 있어서다. 종교는 일반적으로 특정한 진실에 대한 주장과 관련이 있지만, 영성은 꼭 그렇지 않을 수도 있다. 영성은 보통 계몽주의적 사고와 좀더 쉽게 공존한다.

계몽주의는 인간 권력의 서열에 굴복하지 않는 배움의 방식을 강조한다. 계몽주의 사고가 높이 평가하는 방식은 증거에 바탕을 둔 과학적 방법과 추론이다. 과거에 과학과 공학 문화는 계몽주의 인식론을 받아들였지만, 현재는 지독하게 퇴행적인 버머 인식론이 그 자리를 차지했다.

'밈'이란 단어는 사람들 사이에 큰 화젯거리가 된 버머 포스팅이라는 의미로 많이 알려져 있다. 하지만 원래 '밈'은 생각과 의미에 관한 철학이 담긴 용어였다.

밈이라는 용어는 진화생물학자 리처드 도킨스가 처음 제시했다. 도킨스는 밈을 유사 다윈주의 선택 과정에 따라서 경쟁하고, 그다음 세대에 전달되거나 되지 않거나 하는 문화의 요소라고 설명했다. 패션, 아이디어, 습관 같은 것의 일부는 후대에 전수되지만 일부는 소멸된다. 이것도 이런 밈의 개념으로 설명된다.

밈이라는 개념이 대두되면서 비非너드들의 모든 활동(인문학,

문화, 예술, 정치 등)을 밈에서의 경쟁과 유사한 사례로 이해하고 이를 너드들이 능통하게 다룰 수 있는 고급 알고리즘 서브루틴subroutine, 정해진 프로그램에서 되풀이해서 사용되는 독립된 명령군의 일종으로 받아들일 토대가 마련됐다. 인터넷 서비스가 시작됐을 무렵 도킨스의 이론이 인기를 끌었는데, 그건 그 이론이 컴퓨터 기술자들을 돋보이게 만들었기 때문이다.

인터넷에서 화제가 된 밈 이야기를 귀엽고 재밌다고 칭찬하는 공감의 분위기는 인터넷이 처음 나왔던 시기부터 쉽게 볼 수 있었으며 오늘날까지도 남아 있다. 초기에 밈이라는 표현은 내가 예전에 '사이버네틱 전체주의cybernetic totalism'라고 부르던 철학 원리를 가지고 사람들의 결속을 표현하기 위한 수단으로 쓰였다. 그런 바탕은 아직까지 버머에 내재한다.

밈이 우리가 하는 말을 증폭시키는 것 같아 보여도 그건 환상에 불과하다. 가령 어떤 사람이 어떤 정치적인 인물에 관한 전염성 있는 밈을 만들어 퍼트리거나 아주 설득력 있는 주장을 할 수도 있다. 그런데 넓은 그림에서 보면 그 사람은 그저 인터넷에서 화제가 되는 동영상이나 정보가 진짜라는 믿음을 강화하고 있을 뿐이다. 그 사람의 주장은 결국에는 확산력이 더 강한 다른 사람의 주장에 의해 묻혀버릴 것이다. 애초에 그렇게 될 수밖에 없도록 설계되었기 때문이다. 버머 설계자들은 밈을 신봉하는 사람들이었다.

더 큰 그림에서 보면, 인터넷을 뜨겁게 달구는 동영상이나 정보가 진실일 수도 있다. 밈에 대한 믿음은 우리를 진실로 이끌기는 하지만 그건 오로지 최종적인 결과로서만, 완전히 끝에 이르러야만 그렇게 된다. 악의적인 밈 때문에 기후변화에 제대로 대처하지 못하게 만들어서 인류가 자멸한다면, 1억 년이 지나고 나서 지구를 지배하게 된 고지능의 문어 種이 인류의 유적을 발견하고는 무엇 때문에 인류가 멸종했을지 궁금해 할지도 모른다.

합리성은 진화와는 다르다. 합리성은 진화보다 빠르다. 그런데 합리성이 어떻게 작용하는지는 알 수가 없다.

인간의 마음에서 밈을 초월한 어떤 일이 벌어진다. 미스터리를 해결해내는 인간의 능력은 여전히 미스터리다. 이런 진실은 누가 봐도 받아들이기 쉽지 않다. 그래서 일부 컴퓨터 기술자들은 차라리 그 사실을 부인하는 쪽을 택할지도 모른다.

인정하기 힘들겠지만, 지금으로서는 생각이나 대화를 과학적으로 설명하지 못한다. 뇌에서 어떻게 생각이 생겨나는지도 모른다. 우리는 생각이 무엇인가를 과학적인 견지에서 정확히 알지 못한다. 그런 현상을 과학적으로 절대 이해할 수 없다는 것이 아니라, 그저 아직은 이해하지 못하고 있다는 뜻이다. 언제가 됐든 이해할 수 있다고, 마치 이미 알고 있는 듯 가장할 수도 있지만, 그러면 우리 스스로에게 거짓말을 하는 것밖에 안 된다.

우리가 정치, 문화, 예술, 법을 논할 때는 양으로 질을 대체하기 어렵다. 비록 질이 무엇인가를 규정하기 쉽지 않지만 말이다. 우리는 알고리즘을 만들 줄 알지만 우리가 만든 알고리즘이 테러리스트나 외국 정보요원들과 세상을 파괴할 의사가 전혀 없는 평범한 사람들을 구별하지 못할 가능성도 있다.

진실 추구의 근본은 자신의 무지를 알아차리는 능력이 되어야 한다. 모른다는 사실을 인정하는 것은 과학과 영성에 공통으로 내재된 아름다운 특징이다. 그런데 버머는 그런 특성을 거부한다.

바이럴리티virality, 인터넷에서 어떤 동영상이나 정보가 급속히 퍼지며 큰 화제가 되는 상황는 버머 정치, 버머 예술, 버머 상거래, 버머 삶을 위한 진실이다.

지금까지 이 책에서 다뤘던 논점 중 첫 네 가지를 좀더 근본적인 관점에서 살펴봤다. 열 가지 논점을 전부 이런 식으로 검토하지는 않으려고 한다. 버머가 그 특유의 체계로 영성을 대체하는 원리는 이 정도면 충분히 제시했다고 본다. 하지만 그 내용을 더 깊이 살펴볼 필요는 있다.

버머 신앙

뒷받침하는 증거를 찾기가 불가능한 명제도 있다. 그러므로 그 명제를 믿는 것은 증거를 거부하는 태도가 아니다. 종교는 삶의 궁극적인 목적은 무엇인지, 존재의 이유는 무엇인지, 의식이란 무엇인지, 죽음이란 무엇이며 의미의 본질은 무엇인지 우리가 과학적으로 접근할 수 없는 심오하고, 중요하며, 미묘한 질문들에 최선을 다해 답을 제시한다.

버머를 사용하려면 이런 질문들에 대한 버머의 답을 조금씩 묵인하고 따라야 한다. 그리고 버머는 실제로 답을 제시하는데, 그야말로 끔찍한 답이다! 이것이 바로 버머의 특징 중 내가 가장 분통을 터뜨리는 부분이다.

버머에 따르면 삶의 목적은 최적화다. 구글은 '세계의 정보를 체계적으로 정리하는 것'이라는 말로 설명한다. 실리콘밸리의 전형적인 세계관에 따르면 모든 것이 정보다. 물질이든, 인간의 몸이든, 그 어떤 것이든 난도질의 대상이다. 그런 의미에서 구글의 경영 목표를 IT 업계 문화에 맞게 해석하면, '모든 현실을 체계적으로 정리하는 것'이 되겠다. 구글이 알파벳 이름을 따 기이한 회사들을 만들기 시작한 것도 그 때문이다. 구글의 세계관이나 사명에 대해서 생각해보지 않았더라도 검색 결과나 추천 동영상 상위에 우선 노출되기 위해 스스로를 최적화하면 당신도 그런 신념을 받아들이게 된다. 이제 당신 삶의 목적은 최적화다. 당신은 이제 세례 받았다.[4]

예전에는 구글이 가장 소름 끼치는 표현을 내놓는 편이었지만, 얼마 전부터는 페이스북이 한발 앞질러가는 형세다. 페이스북이 최근 재정비한 기업 강령은 '모든 사람 하나하나가 목적의식과 공동체 의식을 갖는다[5]였다. 현대인들에게 목적의식이 결핍되어 있다고 보고 모든 사람이 반드시 목적의식을 갖도록 만들겠다고 일개 기업이 나선 것이다. 이것이 새로운 종교가 아니라면 달리 무엇이겠는가?

잘 알려져 있듯이 구글은 '죽음을 해결하는' 프로젝트에 투자했다.[6] 이것은 그야말로 종교를 자처하는 행보라고 하겠다. 전 세계 종교들이 구글을 저작권 침해로 고소하지 않는 것이 용할 정도다.[7] 구글은 이 프로젝트를 수명 연장이나 노화 연구라는 틀에 담을 수도 있었지만, 그러지 않고 당신 안의 가장 신성한 부분을 좌지우지하겠다는 목표를 곧바로 겨냥했다. 버머는 먼저 당신을 소유하지 않으면 그 어떤 것도 소유할 수가 없다.

페이스북도 비슷한 움직임에 나섰다. 사망자들의 페이스북 페이지는 회원들만 방문할 수 있는 일종의 성지가 되었으며, 그곳의 회원이 되려면 암묵적으로 신도가 되어야 한다.

구글의 엔지니어링 이사인 레이 커즈와일은 앞으로는 인간의 의식을 스마트폰으로 사진을 찍어 올리듯 구글의 클라우드에 업로드할 수 있을 것이라는 의견을 제시한다. 그 서비스가 실현될 때까지 목숨을 부지하기 위해 커즈와일이 장수에 도움이 된다고 알려진 영양제를 매일 한 통씩 먹는다는 사실은 널리 알려져 있다. 어떤 상황이 벌어지고 있는지 주목해야 한다. 커즈와일의 이런 제안은 의식이 존재하지 않는다는 것이 아니라, 의식이 무엇이 되었든 간에 구글이 그것을 소유하겠다는 뜻이다. 그게 아니라면 이 서비스를 대체 무엇으로 볼 수 있겠는가?

구글이 영생의 주인이 되려고 한다는 사실을 믿을 사람이 얼마나 될지는 모르겠지만, 어쨌든 분명한 건 버머 기업이 수많은 사람들에 관한 방대한 정보를 얻고 삶에 영향력을 행사하는 것이 어쩐지 자연스럽고 적절하게 느껴지도록 그들이 교묘하게 논리를 이끌어가고 있다는 사실이다.

이런 논리는 단순한 형이상학이 아니라 형이상학적 제국주의다. 당신이 만일 이들의 이런 논리를 전적으로 수용하거나 생활 속에서 조금이라도 받아들인다면 이제는 스스로를 무신론자나 불가지론자초경험적인 것의 존재나 본질은 인식 불가능하다고 하는 철학적 입장라고 부르기 힘들게 됐다. 종교적, 철학적 신념을 바꾼 개종자가 된 셈이니 말이다.

버머 천국

버머가 지금처럼 잘 작동하는 이유 중 하나는, 버머 기업에서 일하는 공학자들이 흔히 현시대 인류에 도움이 되는 기술이 아니라 지구를 물려받을 인공지능을 만드는 것이 자신들의 최우선적인 과제라고 믿기 때문이다. 다수의 인간을 대상으로 하는 지속적인 감시와 행동수정 실험은 앞으로 개발될 인공지능의 능력에 녹아들 것이다. (이쯤 되면 인공지능 공학자들은 인간을 교묘히 조종하는 것이 인공지능의 목표라고 믿는 건 아닌지 궁금해진다.)

글로벌 IT 기업들은 화려한 기술로 무장한 '인공지능' 종족을 개발하겠다고 공개적으로 알리고 이 프로젝트를 최우선으로 추진하곤 한다.[8] 세계 최대로 손꼽히는 기업 임원이 나서서, 특이점singularity이 도래해 인공지능이 세상을 지배할 가능성을 스스럼없이 제기하더라도 전혀 아무렇지도 않게 받아들여진다. 버머 종교는 복음주의 교회에서 말하는 그리스도 재림의 황홀한 체험에 상응하는 경지로 특이점을 제시한다. 이런 기이한 사고방식은 버머 고객들(이들도 보통은 마찬가지로 컴퓨터 기술자다)이 인공지능을 타당하고 적법한 개념으로 받아들이고 그런 신념을 기초로 돈을 지출할 때 정상으로 둔갑한다.[9]

이건 미친 짓이다. 인공지능은 컴퓨터 과학자들이 정부 기관의 연구 보조금에 의존하던 시절에 연구비를 받아내려고 만들어낸 개념인데, 우리는 그 사실을 망각하고 있다. 인공지능은 필요에 따라 만들어낸 허구의 소설이다. 그런데 그 소설이 이제는 작가를 능가하기에 이르렀다.

인공지능은 환상이며, 프로그램 코드를 설명하는 하나의 방식에 불과하다. 엉성한 공학 기술을 덮어 감추기 위한 수단이기도 하다. 사용자들이 직접 조사하고 각자 원하는 방식으로 개선해나가는 훌륭한 사용자 인터페이스를 만드는 것보다는 사용자 화면의 피드를 맞춤형으로 운영하는 소위 인공지능 프로그램을 만드는 것이 수고가 덜 든다. 인공지능에는 성공의 객관적인 기준이 없기 때문이다.

어떤 프로그램에서 어느 부분이 지능에 해당되는지를 과연 누가 정할 수 있겠는가? 1990년대에 나는 친구들과, 어떤 한 사람의 얼굴 표정을 추적해서 그 표정을 다른 사람 또는 생물체의 애니메이션으로 렌더링rendering, 2차원의 화상에 광원, 위치, 색상 등의 정보를 고려하여 사실감을 불어넣음으로써 3차원 화상을 만드는 과정하는 최초의 프로그램을 만들었다. 우리는 그 당시 그 프로그램에 인공지능이라는 이름을 붙일 생각을 하지 못했지만, 요즘에는 그런 기능이 흔히 인공지능으로 불린다.

온갖 종류의 서로 다른 프로그램들이 주어진 시기에 따라 인공지능이라고 불릴 수도 있고 불리지 않을 수도 있는데, 인공지능이라고 불리는 경우에는 성공의 기준이 모호해지는 피치 못할 결과가 뒤따른다. 공학자들에게 인공지능은 실제 기술적 성과라기보다는 일종의 롤플레잉 게임에 해당된다.

인공지능이라 불리는 많은 알고리즘은 물론 상당히 흥미롭고 실제로 성과를 내지만, 인공지능이라는 틀에 넣어 윤색하지 않을 때 사람들에게 더 잘 이해되고 더 나아가 효과적으로 기능할 것이다. 그에 관한 예는 경제에 관한 논점에서 설명했다. 한 언어를 다른 언어로 옮기는 번역가들이 앞으로 쓸모없어질 것이라는 이야기를 많이 듣는다. 그런데 그들은 생계 수단만

잃는 게 아니라 존엄성을 박탈당하고 있다. 이제는 쓸모없는 사람이 됐다는 이야기가 거짓말이기 때문이다. 그들이 만든 데이터가 없으면 '자동' 번역 서비스도 존재할 수 없기 때문에 그들은 여전히 꼭 필요하고 소중한 존재다.

버머 없이 존재한다는 것

영적, 철학적인 주제는 사람들이 워낙 예민하게 반응하는 영역이기 때문에 그런 주제를 깊이 논하는 글을 쓰기란 불가능에 가깝다. 그러나 버머가 지배하려 하는 이 주제의 기본적인 질문에 대한 내 의견을 피력하지 않는 건 비겁한 도피가 될 터다. 바람대로 되진 않겠지만, 부디 여기서 내가 하는 설명이 총체적이고 논란의 여지가 적은 진술처럼 느껴졌으면 좋겠다.

내게는 의식이 있다. 나는 다른 사람에게도 의식이 있다고 믿는다. 우리는 각자 경험한다.

경험은 경이롭다. 나는 경험이 자연적이거나 아니면 초자연적이라고 보지는 않는다. 내가 가진 지식으로는 이 두 가지만이 유일한 선택지인지도 알 수가 없다.

우리는 뇌를 연구할 수는 있지만 뇌가 다른 무언가를 하기 위해 반드시 경험이 필요한 것인지는 알지 못한다. 뇌를 작은 부분으로 나누어 연구할 방법이 없기 때문에 경험은 다른 어떤 미스터리보다 더 심오하다. 우리는 경험의 조각에 관해 이야기하는 것이(어떤 사람들은 이것을 '특질qualia'이라고 부른다) 타당한지 여부조차 알 수 없다.

우리는 경험이 존재한다는 사실에서 내세가 있을 것이라는 한 줄기 희망을 찾지만, 살아 있는 동안 우리가 경험하는 것 그 자체는 증거가 되지 못한다. 만일 증거가 된다고 하더라도 내세에 대한 믿음이나 희망의 토대를 이번 생에서 했던 내적 경험의 불가사의한 실체에 두는 건 타당하지 않다. 현실이라는 낯선 상황에서 무슨 일이 벌어지고 있는가는 아무도 정확히 알지 못한다. 허나 이 세상에서 긍정적인 마음, 품위, 혁신적인 창의성을 찾아볼 수 있다면 경험은 우리와 더 긴밀히 연결될 것이다.

우리는 경험을 인정할 수 있고, 즐길 수 있고, 그 신비로움에 감정적으로 반응할 수도 있고, 더 나아가 긍정적인 감정을 느낄 수도 있다. 사람이 기계 이상임을 이해하기 때문에 그런 경험이 존재한다는 것을 인정하면 더 다정한 사람이 될 수도 있다. 상대방에게도 숨겨진 경험의 중심, 온전한 세계, 영혼이 있다는 것을 믿는다면, 상대에게 상처를 주기 전에 한번 생각해볼 가능성이 조금 더 커질 것이다.

첨단 기술 문화에서 아주 빈번히 주장되듯이 정말로 기계들에게 인간과 '동등한 권리'를 주어야 하는 걸까? 사우디아라비아는 실제로 '여성' 로봇에게 시민권을 부여한 사례가 있었는데, 그 로봇이 누리는 권리 중에는 사우디아라비아의 여성들에게는 허용되지 않는 권리들도 일부 포함됐다.[10]

이것은 인간과 기계의 평등에 관한 중요한 문제다. 행동방식이 정해져 있는 비유적인 공감의 사회 같은 것이 있다고 상상해보자. 그 사회 안에는 당신이 수용하고 인간적으로 대하는 사람들이 있다. 그 사회를 너무 넓게 설정하면 사회의 성격이 약화된다. 그래서 불합리한 방식으로 공감하거나 당신이 다른 사람들에게 상처를 주고 있다는 사실을 제대로 못 보게 된다. 사우디아라비아에서는 입막음 당한 사람들(여성들)과의 공감을 거부하기 위한 방편으로 말 못 하는 무대 소품 같은 존재들(로봇들)과의 공감을 장려한다. 그런 부당한 사례는 사우디아라비아에만 있는 게 아니다. 낙태 반대 운동과[11] 동물의 권리라는 명목으로도 똑같은 일이 행해졌다.

버머 사업에는 사람들이 컴퓨터 프로그램에 공감하도록 하고, 그것이 진정한 인간의 품위, 위상, 권리를 저하시킨다는 사실을 알아차리지 못하도록 인공지능 프로그램이라는 이름으로 포장하는 새로운 종교가 섞여 있다.

의식이 환상이라면, 의식은 약화되지 않는 유일한 환상이다. 환상이 존재하려면 환상을 경험했어야 한다. 그것을 역으로 생각하면, 경험하는 것을 알아차리지 않기로 결정할 경우 자기 스스로의 의식을 부인할 수 있다는 뜻이 된다.

자신의 의식이 존재하지 않도록 만들 수 있다. 존재한다는 사실을 불신하고, 스스로가 사라지도록 만드는 것이다. 나는 이것을 안티매직anti-magic이라고 부른다.

의식과 경험에 대한 믿음을 억압하고 인간성의 예외적인 특성을 모두 거부하는 사회를 구상한다면, 사람들이 기계 같은 존재가 될 수 있을지도 모른다.

그것이 버머의 세상에서 나타나고 있는 일이다. 버머의 관점에서 우리는 버머 플랫폼이라는 위대한 초超개체 내에 있는 하찮은 일개 세포에 불과하다. 우리는 버머에 연결된 기기들이 마치 사람이라도 되는 듯 말을 건다. 이때 우리 스스로가 기계가 된 듯 느껴지는 방식으로 말을 걸면 '대화'가 더 잘 된다. 마치 특별한 일이라고는 아무것도 없는 듯, 내면에서 타오르는 신비로운 불꽃 없이 하루하루를 살면, 서서히 그런 삶을 믿게 된다.

인간성에 대한 이런 새로운 시험이 사람들 내면의 영적인 몸부림에서 나온 질문에 불과하다면, 도전에 맞서는 건 각자의 몫이라고 말할 수 있을 것이다. 하지만 이 문제는 사회적으로도 엄청난 중요성을 지닌다.

전 세계적으로 나타나는 서로 관련 없어 보이는 문제들을 해명할 보편적인 열쇠는 바로 영적 불안이다. 버머 기술자들은 인간의 존엄을 모독하고 남들이 자신의 존재를 부정할까봐 본능적인 두려움에 따라 반응하는 상황을 현대적인 풍경으로 그린다. 이제껏 사람들이 그렇게 얘기해왔기 때문에 이런 설명이 합당하다고 보는 것이다.

현재 미국을 산산이 분열시키고 있는 사안들은 모두 '인간은 특별한 존재인가' '만일 영혼이 정말 존재한다면 확인할 수 있을까'와 관련이 있다. 낙태를 허용해도 되는가? 사람들 대부분은 쓸모없는 존재가 되고 소수의 엘리트 과학기술자들을 제외한 사람들은 나라에서 제공하는 기본소득에 의존해 살아가게될까? 모든 인간을 똑같이 가치 있게 대해야 할까 아니면 컴퓨터와 첨단 기술에 능숙한 사람들에게는 자율적인 결정권을 더 많이 허용해야 할까? 이런 질문들은 처음에는 모두 다른 것처럼 보이지만, 찬찬히 살펴보면 형식만 약간 다를 뿐 똑같은 질문이다. 바로 '사람이란 무엇인가?'를 묻는 것이다.

사람의 정의가 어떻게 됐든, 만일 사람이 되고 싶다면, 소셜미디어 계정을 삭제하는 편이 낫다.

고양이는
목숨이
아홉 개다

고양이 같은 존재가 되는 데 이 책이 도움이 되었기를 바란다. 그런데 이 책이 소셜미디어와 관련해 고려해야 할 모든 논쟁을 다룬 것은 아니라는 점을 알아두었으면 한다. 이 정도로는 어림도 없다. 이 책에서 제시한 논거는 내가 특별히 해박한 관점이나 전문 지식이 있는 부분으로만 국한된다.

예를 들어 가족 내 문제, 젊은이들, 그중에서도 특히 젊은 여성들이 느끼는 주체하기 힘든 압박감(이 주제는 셰리 터클의 책을 추천한다), 사기꾼들이 소셜미디어를 이용해 사기 행각을 벌이는 문제, 소셜미디어 알고리즘이 어떤 사람을 인종차별주의자로 분류하거나 아니면 끔찍한 다른 이유를 들어 차별하는 문제(이 주제는 캐시 오닐의 책을 추천한다), 혹은 사생활 침해가 개인적으로나 사회 전체적으로 놀라운 피해를 주는 상황에 관해서는 다루지 못했다. 고양이가 되어 말해본다면, 이 책으로 겨우 표면에 할퀸 자국만 냈을 뿐이다.

실리콘밸리에서 일하는 내가 나와 내 동료들이 있는 실리콘밸리에 맞서라고 말하는 것이 이상하게 느껴졌을 수도 있겠다. 당신이 우리의 활동에 간섭하고 창의적으로 맞서면 돈을 비롯해 이미 실리콘밸리를 속박하고 있는 다른 요인들에 맞서게 된다. 그래서 어떤 면에서는 당신의 저항이 우리를 자유롭게 만드는 데 도움이 될 수 있다. 나는 대립을 요청하는 것이 아니라 도움을 요청하는 것이다.

멀리서 당신을 조종하는 사람들에 맞서서 공격하기보다는 당신 스스로 구속에서 벗어나는 것이 실리콘밸리 사람들을 돕는 최선의 방법이다. 그렇게 하면 그들(나와 내 동료들)이 방향을 바꿔서 더 나은 길을 찾아 나서도록 유도할 수 있다.

소셜미디어 계정을 없앤다고 친구들과의 연락이나 인터넷에서의 활동을 포기해야 하는 건 아니다. 창의력을 발휘하면 된다! 이메일 주소록을 활용하고, 개인 웹사이트를 만들어봐도 좋다. 요즘은 그런 것을 만드는 과정이 예전처럼 수고스럽지는 않아서 당신도 충분히 할 수 있다! 시간이 많이 걸리지 않을까 싶을지 모르지만, 주도적으로 나서다보면 오히려 시간이 더 많이 생겼다고 느낄 가능성이 크다.

변화는 힘들지만, 선의의 부담은 컴퓨터 기술자들에게 알게 모르게 필요했고 어떻게 보면 그들이 은근히 원하기까지 했던 것일 수도 있다.

소셜미디어 활동을 당장 그만두는 사람이 많을 것 같지는 않다. 강력한 중독에 네트워크 효과가 결합된 엄청난 영향력에서 벗어나기는 결코 쉽지 않다. 그렇지만 문제를 인식하는 사람이 점점 많아지면 그 사람들이 IT 업계를 향해 직접 목소리를 내거나 영향력을 끼칠 수 있다. 일정 기간만이라도 계정 사용을 중단할 수 있다면 그것만으로도 도움이 된다.

그리고 눈에 보이지 않는 이런 깊은 측면도 있다. 컴퓨터 기술자들은 엄청난 부를 쌓고 보통 사람들과는 동떨어진 세계에 있는 것처럼 보이지만 사실 우리 같은 기술자들은 현장에서 사용자들과 교감하는 경험을 그리워한다. 사회에서 고립되는 건 기쁜 일이 아니다. 자신들이 설계했던 프로젝트를 수정하는 일에 직접 참여하면, 세상과 다시 연결되는 기쁨과 보람을 느낄 것이다. 사용자들이 비방과 욕설 없이 컴퓨터 기술자들에게 이의를 제기할 방법을 찾을 수 있다면 그런 움직임은 우리 기술자들에게도 좋은 일이다. 사용자들이 주도적으로 정보를 찾고 나누는 활동은 아주 좋은 실천 방법이다.

마지막으로, 이 책의 목표는 특정한 방식으로 생각하거나 행동하도록 당신을 설득하는 것이 아니었다는 점을 다시 한번 강조해야겠다. 사람들의 의식이나 행동을 바꾸는 것은 버머 기업의 임무가 아닌 것만큼이나 내가 져야 할 임무도 아니다.

하지만 당신이 스스로를 정확히 알 때까지는 무엇이 당신에게 적합한 것인지를 논할 수 없다. 그리고 스스로를 알기 위해는 수고스럽더라도 잠깐이나마 실험을 해보지 않으면 안 된다.

　나는 우리가 충격적일 정도로 불평등한 사회에서 살고 있으며, 모든 사람에게 동일한 선택권이 제공되는 것은 아니라는 사실을 실감한다. 각자 처한 상황은 다르겠지만, 특히 나이가 아직 젊은 사람들은 스스로의 삶을 탐색할 선택 기회를 누리기를 간절히 바란다. 당신의 뇌와 인생이 틀에 박힌 것이 되지 않도록 확실히 대비해야 한다. 야생으로 나가거나 새로운 기술을 배워볼 수도 있다. 위험을 무릅쓴 시도를 해보라. 하지만 자기 탐색을 어떤 식으로 해보든 간에 최소한 이것 한 가지는 꼭 해봤으면 좋겠다. 바로 행동수정 왕국에서 잠시 동안, 말하자면 한 6개월 정도 떨어져 있어보는 것이다.

　나는 소셜미디어 계정을 지금 당장 없애고, 영원히 쓰지 않아야 한다고 생각하지는 않는다. 각자 실험을 해보고 나면 스스로에 대해서 더 잘 알게 될 것이다. 결정은 그때 가서 하면 된다.

이 책은 흔치 않은 계기로 이 세상에 나오게 됐다. 작가들은 보통 책이 새로 나오면 홍보 차원에서 여러 언론 매체와 인터뷰를 한다. 이 책이 나오기 전에 가상현실에 관한 책을 펴내고서 기자들을 만나 이야기를 할 때 어찌된 일인지 매번 대화의 주제가 그 책과는 약간 동떨어진 소셜미디어로 흘러갔다. 소셜미디어야말로 이 시대와 밀접한 관련이 있는 긴요한 주제이기 때문일 터였다. 기자들은 소셜미디어가 세상을 어둡고 혼란스럽게 만드는지에 관한 내 의견을 종종 물었다. 그런 질문을 받고 내가 했던 생각들이 바탕이 되어 이 책이 나오게 되었다. 그런 의미에서 이 이슈를 내 앞에 던져준 기자들, 팀 애덤스, 탐 애시브룩, 조 버나드, 머린 다우드, 메리 해리스, 에즈라 클레인, 피터 루빈, 카이 리스달, 태비스 스마일리, 스티븐 트위디, 토드 즈윌리크에게 감사한다.

책 제목을 지어준 제리 맨더에게도 감사 인사를 전한다.

규범에 순종하지 않는 유형인 나 같은 사람을 잘 받아준 케빈, 사티야를 비롯한 마이크로소프트의 많은 동료에게 감사한다. 하지만 이 책에서 제시한 의견은 엄격히 내 개인적인 의견임을 분명히 해둔다. 여기서 다룬 내용이나 주장은 마이크로소프트와의 견해와는 완전히 무관하다.

우리 집 반려묘인 루프, 포테이토, 튜노, 스타라이트는 남에게 길들여지지 않는 법을 가르쳐주었다. 하지만 그 방면에서 최고의 스승은 내 딸 릴리벨이었다. 릴리, 그리고 훌륭하고 멋진 아내 레나에게 깊은 감사의 말을 전한다.

숨을 쉬고 밥을 먹듯 당연한 일상이 되어 이제는 의식조차 못할 때가 많지만, 가만히 생각해보면 인터넷과 소셜미디어는 정말 놀라운 발명품이다. 필요한 정보를 무엇이든 즉시 구할 수 있고, 내가 제시한 의견에 대해 전 세계 사람들에게 피드백을 받을 수 있다는 건 얼마나 멋진 일인가. 게다가 이런 서비스를 거의 무료로 이용할 수 있으니 더더욱 훌륭하다. 이런 서비스 덕분에 인류는 하나로 연결되어 집단지성을 공유하고 친분을 나눌 수 있게 됐다. 소셜미디어 서비스 없이는 일상생활이 불가능한 시대에 접어들었다 해도 과언이 아니다.

그런 가운데 컴퓨터 과학자이자 실리콘밸리에서 현역으로 활동하고 있는 재런 러니어가 'SNS 계정을 폭파시켜라'는 주장을 들고나왔다. 그것도 무려 열 가지 근거를 제시하면서 말이다. 재런 러니어는 가상현실VR이라는 이름을 고안하고 가상현실 기술을 상용화한 프로그램을 최초로 만들어서 '가상현실의 아버지'로 불리는 컴퓨터계의 대가다. 여러 스타트업을 창업했으며, 대학의 방문교수, 강연가, 철학자, 작곡가, 저술가, 시각예술가, 영화감독 등으로 활동해온 이 시대의 대표적인 지식인이자 재주꾼인 그가 어째서 이런 뜻밖의 주장을 펼치게 되었을까? 아마도 기술 분야의 전문성, 그리고 다방면에서 활동하면서 연마한 비판적이고 냉철한 시각 덕분일 것이다.

러니어에 따르면, 소셜미디어의 부작용이 나타난 근본 원인은 1990년대에 인류가 내렸던 선택으로 거슬러 올라간다. 인터넷이 세상에 첫선을 보이고 본격적인 서비스가 개시될 당시, 인터넷은 모두를 위한 민주적인 공간이 되어야 한다는 믿음이 사회 전반에 확고히 퍼져 있었다. 그런 믿음을 실현하려면 인터넷을 무료 서비스로 제공해야 했고, 결국 광고를 기반으로 하는 사업 모델을 활용할 수밖에 없었다. 그 결정이 문제의 발단이었다. 인터넷 플랫폼에 등장하는 광고들은 처음에는 별로 해로울 것 없는 단순 광고였기 때문에 큰 문제가 되지 않았다. 그러나 컴퓨터 알고리즘이 차츰 진화하고 SNS의 발달로 사용자들과 더욱 정교한 방식으로 교류할 수 있게 되면서, 그런 광고들은 단순히 홍보하고 내용을 전달하는 수준을 초월해서 사람들의 행동을 은밀히 조종하는 형태로 변화했다. 그리하여 소셜미디어 플랫폼은 사용자들이 되도록 더 많은 시간을 할애하도록 유도하고, 제3자인 광고주들이 그 플랫폼을 빌려서 사용자들의 행동을 교묘히 조종하는, 새로운 유형의 사업 모델로 탄생하게 된 것이다. 이 모델의 방식은 워낙 교묘하기 때문에 의식하지 못하는 사이에 영향을 끼치며, 러니어가 강조했듯 이런 효과는 개별적인 수준이 아니라 통계적, 전체적인 수준에서 나타난다. 구글과 페이스북같은 글로벌 소셜미디어 기업들이 짧은 기간 안에 엄청난 부를 축적할 수 있었던 것은 이런 비즈니스 모델을 적극 활용했기 때문이다.

러니어가 설명하는 소셜미디어의 폐단은 이에 그치지 않는다. 소셜미디어는 사람들의 내면에 잠재된 공격성을 자극해서 서로 헐뜯고 공격하게 만드는가 하면, 실존하지 않는 가짜들을 내세워 진실을 훼손하고, 의미를 왜곡하고, 타인을 이해하기 힘들게 만들고, 슬픈 기분을 부추기는 등 개별 구성원 수준에서 문제를 야기할 뿐 아니라, 공동체 수준에서도 경제적, 정치적인 문제들을 불러일으켜서 사회를 더 어둡고 우울하게 만든다.

다소 충격적이지만 부인하기 힘든 사실이다. 소셜미디어의 문제점을 지적했던 이들이 그동안 없지는 않았지만, 러니어처럼 광범위하게 속속들이 짚어낸 사람은 없었던 듯하다. 그가 쏟아내는 비판은 어느 것 하나 선뜻 부정하기가 힘들다. 그런데 러니어는 동종 업계 사람들을 향해 이런 비판을 쏟아냈기 때문인지, 직설적이고 비판적으로 주장을 펼치면서도 줄곧 조심스럽고 신중한 태도를 유지한다. 실제로 그는 시스템의 문제를 지적하는 것이지 구글이나 페이스북 같은 기업이나 그 운영자들을 비난하려는 의도는 전혀 없다고 거듭 말한다.

이와 같은 그의 태도는 이 책과 동일한 주제를 다룬 그의 TED 강연 영상에도 잘 드러난다. 러니어를 한 번도 본 적 없는 사람은 그의 첫인상에 조금 놀랄지도 모른다. 눈에 띄게 우람한 덩치, 헐렁한 검은 티셔츠와 헐렁한 바지, 부스스하게 길게 늘어뜨린 레게머리, 어쩐지 흐리멍덩해 보이는 푸른 두 눈을 한 그에게서는 컴퓨터 공학자라기보다는 뉴에이지 히피에 가까운 분위기가 풍긴다. 하지만 그가 하는 말을 잠깐만 들어봐도 그의 냉철하고 논리적인 사고, 설득력 있는 주장, 더 나은 미래를 바라는 열정과 애정을 느낄 수 있다. 이 책에서는 물론이고 강연에서도 그가 인류의 미래를 진심으로 염려하고 있으며, 문제를 파고들어 비난하기보다는 해결 방안에 초점을 맞추려 애쓰고 있다는 것이 명확히 느껴진다. 비판을 위한 비판이 아니라 현실의 대안을 모색하는 진심이 묻어나기 때문에 이런 주장이 더 설득력 있게 다가오는 것 같다. 책을 읽으며 저자의 주장에 매력을 느꼈다면 강연 영상도 꼭 한번 찾아보기를 권한다. 참고로 유튜브에서 재런 러니어 TED 강연을 검색하면 한국어 자막이 달린 영상을 찾아볼 수 있다.

개인적으로 러니어의 이런 주장이 더 가슴에 와닿았던 이유는 10년 전쯤 페이스북 광고에 관한 책 번역을 의뢰받아 작업하면서 페이스북 광고를 상당히 위협적으로 느낀 경험이 있어서였다. 무료로 제공되는 서비스이니 광고가 있으려니 생각은

했지만 그처럼 철저하게 속속들이 개인 정보와 활동 내용이 활용된다고는 생각하지 못했기 때문에, 페이스북 광고 메커니즘에 대해 조금 더 깊이 알게 된 뒤로는 나도 모르게 소셜미디어 서비스에 경계하는 마음을 갖게 됐다. 그래서 결국 페이스북 계정을 없앴고, 페이스북 계열사인 인스타그램에도 계정을 만들지 않았다. 또 포털사이트나 유튜브를 이용할 때도 반드시 로그아웃한 상태에서만 검색을 하고, 어쩔 수 없는 경우를 제외하고는 위치 정보 활용에 동의하지 않는 편이다. 그렇다고 이런 단순한 방편에 무슨 깊은 뜻이 있는 건 아니다. 그저 이 책의 표현을 빌리면 '개가 아닌 고양이가 되기'를 무의식적으로 바라면서, 어떻게든 자주성을 조금이라도 더 지켜보려고 소심하게 나름 애를 썼던 데 불과하다.

그렇다면 러니어가 권하는 대처 방식은 무엇일까? 책에서 처음부터 끝까지 누누이 이야기하듯, '지금 당장 SNS 계정을 모두 없애라'는 것이다. 처음부터 소셜미디어와 거리를 두었던 사람이라면 모를까, 우리 삶과 떼려야 뗄 수 없는 관계가 된 소셜미디어의 사용을 일시에 중단하는 건 물론 쉬운 일이 아니다. 러니어 역시 그 사실을 잘 인식하고 있다. 그래서 그는 현실적인 방법으로 젊은이들에게 잠시(예를 들면 6개월 정도) 소셜미디어와 멀어져서 스스로에 대해 알아볼 시간을 갖도록 권한다. 완전히 사용을 중단할지 여부는 그때 결정하면 된다는 것이다. 덧붙여 사회 전반적으로는 구성원들 중 소셜미디어에서 탈퇴

한 사람들이 일정 비율에 이르면, 그들이 사회에 목소리를 낼 수 있는 힘이 생기고, 결과적으로 모두 함께 해결 방안을 모색해나갈 수 있을 것이라고 본다. 그는 넷플릭스처럼 사용료를 받는 유료 서비스를 구상하거나, 의료나 교육처럼 정부 주도로 운영하는 등 생각해보면 방안은 충분히 찾을 수 있으며, 소셜미디어의 장점은 그대로 누리면서도 각자의 자유의지를 충분히 지킬 수 있다고 말한다. 그런 선택을 내리는 건 우리 몫이다. 그리고 그 선택은, 지금껏 귀에 못이 박히도록 들어왔듯이 소셜미디어 계정을 없애는 것에서 시작한다.

머리말

1. http://www.movingimage.us/exhibitions/2015/08/07/detail/how-cats-took-over-the-internet/

2. https://www.smithsonianmag.com/smithsonian-institution/ask-smithsonian-are-cats-domesticated-180955111/

3. 그렇다고 개를 좋아하고 아끼는 사람들이 너무 기분 나빠하지는 않았으면 좋겠다! 개들도 고양이들처럼 스스로 길든다는 의견도 있으니 말이다. https://news.nationalgeographic.com/news/2013/03/130302-dog-domestic-evolution-science-wolf-wolves-human/

논점 1

1. https://www.axios.com/sean-parker-unloads-on-facebook-2508036343.html

2. https://gizmodo.com/former-facebook-exec-you-don-t-realize-it-but-you-are-1821181133. 다만 여기서 한 가지 짚고 넘어갈 점이 있다. 팔리하피티야는 그로부터 며칠 뒤에 이 진술을 번복하고, 자신은 페이스북이 전반적으로 세상에 좋은 일을 했다고 생각한다고

말했다.

3. https://mashable.com/2014/04/30/facebooks-new-mantra-move-fast-with-stability

4. https://en.wikipedia.org/wiki/Catfishing

5. 타이밍 최적화는 수많은 사례 중 한 가지에 불과하다. 소셜미디어에서 사용자들이 경험하는 모든 것의 설계가 이와 비슷한 원리로 끊임없이 최적화된다. 구글 직원으로 일했던 트리스탄 해리스는 모든 종류의 옵션이 이용자에게 어떤 식으로 제시되는지, 옵션을 어떤 식으로 클릭할 수 있게 만들어두는지, 옵션이 어떻게 여러 사람들과 동시에 노출되는지를 포함 모든 사례를 정리해서 설명했다. 웹사이트 http://www.tristanharris.com/에 가면 '첨단기술이 사람들의 마음을 어떻게 이용하는가'를 비롯해, 관련 내용을 담은 여러 글을 찾아 읽을 수 있다.

6. 수학자들은 보통 이 과정을 가상의 '에너지 지형energy landscape'을 이리저리 기어 다니는 행위로 생각한다. 에너지 지형의 각 지점은 바뀔 가능성이 있는 변수의 설정에 해당하므로, 지형을 기어 다닌다는 비유는 여러 매개 변수 설정을 탐색한다는 의미가 된다.

   이 비유에서 5초라는 기준점은 알고리즘이 자리 잡은 골짜기에 해당한다. 이런 시각에서 볼 때는 골짜기가 깊을수록 좋다. 더 깊이 들어가는 데 에너지가 덜 필요하기 때문이다. 혹은 이 비유를 땅속 금광으로 더 깊이 파고드는 것으로도 생각할 수 있다. 이 가상의 세계에서 2.5초의 골짜기는 아주 깊은 골짜기이기 때문에 5초의 골짜기 바닥에서 몇 걸음 벗어난다고 해서 찾을 수 없다. 그 깊은 골짜기를 찾을 유일한 수단은 인위적으로 추론의 큰 도약을 하는 방법밖에 없다.

7. https://link.springer.com/article/10.1007%2Fs10899-015-9525-2

8. 장 폴 사르트르의 희곡에서 인용한 것이다. 시간이 날 때 찾아보기 바란다.

9. http://people.hss.caltech.edu/~lyariv/papers/DarkSide1.pdf

10. http://esciencenews.com/articles/2008/09/25/from.12.years.onward.you.learn.differently

11. https://source.wustl.edu/2015/05/carrot-or-stick-punishments-may-guide-behavior-more-effectively-than-rewards/

12. https://hbr.org/2017/09/what-motivates-employees-more-rewards-or-punishments

13. http://onlinelibrary.wiley.com/doi/10.1002/job.725/pdf

14. https://repositories.lib.utexas.edu/handle/2152/24850

15. http://friendlyorangeglow.com/

16. 실리콘밸리에서는 덩치를 키워서 거대하게 만드는 작업을 '스케일링 scaling'이라고 표현한다. 여기서 말한 '사람들' 중에는 나도 포함된다. 나는 1990년대에 인터넷이 거대해져도 계속해서 제 기능을 수행하도록 만들기 위해 여러 대학이 협력해 만든 컨소시엄 인터넷2Internet2 공학 사무실의 수석 연구원으로 있었기 때문이다.

17. 독점monopoly은 판매자가 하나밖에 없는 경우에 나타나는 반면, 수요독점monopsony은 구매자가 하나인 경우에 나타난다. 애플의 iOS와 구글의 안드로이드 스마트폰 플랫폼은 사실상 스마트폰 앱을 사용하기 위한 유일한 통로를 점유하고 있으며 모든 앱으로 흘러드는 돈은 모두 이 두 개의 플랫폼을 거쳐서 가기 때문에 복점複占, duopoly 상태라고 말할 수 있다.

18. https://www.washingtonpost.com/news/the-switch/wp/2017/10/31/facebook-google-and-twitter-are-set-to-testify-on-capitol-hill-heres-what-to-expect/

19. https://thestrategybridge.org/the-bridge/2017/5/10/how-russia-weaponized-social-media-in-crimea

논점 2

1. https://www.theatlantic.com/magazine/archive/2017/09/has-the-smartphone-destroyed-a-generation/534198/

2. https://bits.blogs.nytimes.com/2011/12/03/how-theinternet-is-

destroying-everything/

3. http://www.berkeleywellness.com/self-care/preventive-care/
   article/are-mobile-devices-ruining-our-eyes

4. https://en.wikipedia.org/wiki/The_God_that_Failed

5. https://www.forbes.com/sites/elizabethmacbride/2017/12/31/is-
   social-media-the-tobacco-industry-of-the-21st-century/

6. https://www.hud.gov/sites/documents/20258LEGISLATIVEHISTO
   RY.PDF

7. 텔레비전 시대도 버머가 되기 위해 온갖 노력을 했으나, 그때는 개별 시청
   자들과 직접적으로 연결된 피드백 루프가 없었다. 텔레비전은 데이터를
   수집할 수 없었는데도 불구하고 영웅적인 노력을 통해 다소간에 버머와
   같은 역할을 했다. '배양 이론Cultivation theory'은 이 현상을 연구한 이론
   이다. 자세한 내용은 위키피디아 자료를 참조하라. https://en.wikipedia.
   org/wiki/Cultivation_theory

8. 이와 관련한 역사는 뒤에 나오는 논점들에서 다시 논할 것이다.

9. 광고와 마케팅에서 디지털 부문이 차지하는 몫은 전 세계 광고, 마케팅
   매출의 절반에 약간 못 미친다(텔레비전이 아직 강력한 매체라는 점을
   염두에 두어야 한다. 특히 텔레비전을 보면서 성장했고 평생을 보냈던 노
   년층에게는 더더욱 그렇다). 하지만 광고, 마케팅 시장은 전반적으로 성
   장세에 있으며, 새롭게 증대되는 매출 대부분은 디지털 부문이며, 디지털
   부문의 신규 매출은 거의 전부가 버머에게 돌아간다. 사회는 왜 가면 갈
   수록 더 많은 부富를 '광고'에 쏟아붓는 것일까? 이 주제에 관한 업계 보
   고서가 상당히 많이 나와 있는데, 여러 가지 추측이 나와 있지만 대부분
   의 분석가는 이런 전반적인 해석에 동의한다.

10. 구글은 어째서 으뜸가는 버머alpha-Bummer로 꼽히는 걸까? 우선 구글은
    페이스북이 세상에 존재하지 않을 때 이런 것들을 최초로 개발해냈다.
    그렇다고는 해도 구글 서비스 중에 특정한 것만 이용하는 사람, 예를 들
    면 구글 문서Google docs만 사용하는 사람은 구글을 버머로 경험하지는

않을 수도 있다. 구글 검색, 유튜브, 그 외 몇 가지 서비스는 버머의 기준을 충족한다. 그런 서비스들은 보통은 소셜 네트워크로 분류되지 않기는 하지만 말이다. 유튜브는 적응형 알고리즘으로 사용자에 맞게 프로필을 지속적으로 조절해가면서, 중독성을 유발하는 개인 맞춤형 추천 동영상 목록을 계속해서 제시한다. 그중에는 저속한 동영상이 흔히 포함된다. 제3자가 유튜브 시청자의 행동을 수정하기 위해 비용을 지불하고 구글이 돈을 번다. 그야말로 전형적인 버머라고 할 수 있다. 게다가 이메일을 쓰는 것처럼 겉으로 보기에 버머처럼 느껴지지 않는 구글에서의 활동들 역시 데이터를 공급해 버머 부품에 동력을 제공한다.

11. https://slate.com/technology/2018/03/twitter-is-rethinking-everything-at-last.html

논점 3

1. https://www.nytimes.com/2017/12/30/business/hollywood-apartment-social-media.html

2. 왓츠앱은 페이스북의 일부다. 다른 평범한 메신저 플랫폼과 비슷한 느낌이 들기도 하지만, 왓츠앱은 사실 버머를 위해 데이터를 수집하는 주요 수단이다. 페이스북은 왓츠앱 데이터를 유럽에서 그런 식으로 활용했다가 상당한 역타격을 받았다(자세한 내용은 다음 인터넷 링크를 참조하라. http://www.theverge.com/2017/12/18/16792448/whatsapp-facebook-data-sharing-no-user-consent). 미국에서 망중립성 관련 제재가 완화되면서 휴대폰 간의 문자 메세지를 포함한 모든 메세지가 버머의 일부가 될 수 있는 길이 열렸지만, 이 글을 쓰는 시점 기준 아직까지는 그런 일이 실제로 일어나지는 않은 것으로 보인다.

3. 속물을 만드는 것에 관한, 현재 가장 저명한 연구는 SIDE(Social identity model of deindividuation, 사회 정체성 몰개성화) 이론이다. 자세한 내용은 위키피디아 링크를 참조하라. https://en.wikipedia.org/wiki/Social_identity_model_of_deindividuation_effects. 간곡히 부탁하건

데, 위키피디아에 나온 이 설명을 수정해야 한다며 갑론을박하는 머저리가 되지는 않았으면 좋겠다. 페이스북에 관해 연구하는 학자의 관련 연구를 읽어보려면, 저스틴 청의 웹사이트를 살펴보기 바란다. https://www.clr3.com/

4. http://leesmolin.com/writings/the-trouble-with-physics/

5. 팀 우에게 감사의 인사를 전한다.

6. https://www.recode.net/2016/12/29/14100064/linkedin-daniel-roth-fake-news-facebook-recode-podcast

7. http://www.spiegel.de/international/zeitgeist/smartphone-addiction-is-part-of-the-design-a-1104237.html

8. 버머에 매여 있지 않을 때는 강하지만 머저리는 되지 않는 것이 가능하다. 나는 이 책에서 저속한 표현을 사용하고 감정을 숨김없이 드러내면서도, 남을 비난하거나 비방하지는 않기를 바라고 있다. 이를테면 이런 식의 주장을 펼치는 것이다. "버머는 구리고 대부분이 멍청한 사업계획에 불과하다. 그러나 그것을 만들거나 사용하는 이들은 대부분 훌륭하고 좋은 사람들이며, 그저 실수를 범했을 뿐이다. 우리 모두 성장해 나가야 한다." 혐오의 감정과 말을 쏟아내지 않고도 확고하고 강렬한 태도를 취할 수 있다. 현실의 삶을 살면 내면의 트롤이 주도권을 잡으려고 할 때 어떤 느낌인지를 기억하는 것조차 힘들다. 내가 인터넷에 글을 올리는 게 아니라 책을 쓰는 것도 바로 그래서다.

논점 4

1. https://backissues.time.com/storefront/2017/is-truth-dead-/prodTD20170403.html

2. https://www.theguardian.com/media/2016/jul/12/how-technology-disrupted-the-truth

3. https://www.nytimes.com/interactive/2018/01/27/technology/social-media-bots.html

4. https://www.reuters.com/article/us-ashleymadison-cyber/infidelity-website-ashley-madison-facing-ftc-probe-ceo-apologizes-idUSKCN0ZL09J

5. https://www.forbes.com/sites/kashmirhill/2011/02/11/ashley-madison-lessons-in-promoting-a-sleazy-business/

6. https://slate.com/technology/2018/01/robots-deserve-a-first-amendment-right-to-free-speech.html

7. http://money.cnn.com/2017/05/24/media/seth-rich-fox-news-retraction/index.html

8. 뉴미디어 기업과 전통미디어 기업들 사이에 음모가 있다는 이야기를 하려는 것이 아니다. 이들 간에는 협력보다 긴장이 더 많았다. 버머는 스스로 최적화하도록 설정된 자동 시스템이라는 것을 기억해야 한다. 버머는 효과가 있는 패턴을 찾는다. 설사 그것이 그런 패턴들에서 돈을 만드는 사람들의 정서적, 정치적 성향에 위배되더라도 말이다. 폭스 뉴스와 페이스북 간의 갈등은 잘 알려져 있다. 페이스북은 한때 전통미디어에 흘러들었던 돈을 차지하고 있다.

9. https://www.dailydot.com/unclick/shitposting/

10. https://www.theguardian.com/us-news/2017/oct/31/facebook-russia-ads-senate-hearing-al-franken

11. https://respectfulinsolence.com/2017/09/28/antivaxers-on-twitter-fake-news-and-twitter-bots/

12. https://www.forbes.com/sites/robertglatter/2017/12/23/bot-or-not-how-fake-social-media-accounts-can-jeopardize-your-health/

13. https://www.usatoday.com/story/news/nation/2014/04/06 anti-vaccine-movement-is-giving-diseases-a-2nd-life/7007955/

논점 5

1. http://www.telegraph.co.uk/technology/2017/07/03/youtube-refunds-advertisers-terror-content-scandal/

2. https://www.theverge.com/2015/2/4/7982099/twitter-ceo-sent-memo-taking-personal-responsibility-for-the/

3. http://www.bbc.com/news/uk-england-41693437

4. 금융 부문에서 일하는 수학자들이다.

5. 저서 『디지털 휴머니즘You Are Not a Gadget』(김상현 옮김, 에이콘출판, 2011, 원서는 2010)에서 이에 관한 내용을 언급했다.

6. http://www.slate.com/articles/business/moneybox/2013/07/how_one_weird_trick_conquered_the_internet_what_happens_when_yo_click_on.html

7. 첫 번째 논점의 주석에서 에너지 지형에 관해 설명했던 것을 기억하는 가? 기억한다면 이 주석을 읽어도 좋다. 속박 없이 자유로운 자연의 본성이 아니라 속박된, 추상적인 인간의 해석을 바탕으로 하는 시스템에서 설계를 최적화하기 위해 이리저리 변경하다보면, 불가피하게 창의성을 말살하고 에너지 지형의 얕은 골짜기에 당신을 가둔 채 나아가게 된다.

논점 6

1. https://www.snopes.com/pizzagate-conspiracy/

2. 내가 이 책에서 사용하는 '공감'이라는 용어는 다른 사람들이 무엇을 왜 경험하는지 이해하는(즉 다른 사람의 입장을 미루어 생각하는) 능력을 지칭한다. 공감이라는 말은 시기와 장소에 따라 여러 다른 뜻으로 사용될 수 있다. 약 100년 전에 공감empathy이라는 단어가 영어에 처음 생겼을 때, 원래는 세상의 다른 곳에서는 그것(가령 맨 처음에 했던 생각 실험의 대상이기도 했던 '산' 혹은 '포도' 같은 것들)을 어떻게 받아들일까 상상하는 방법이라는 뜻으로 쓰였다. 관련 내용은 다음 인터넷 링크를 참고하라. https://www.theatlantic.com/health/archive/2015/10/

a-short-history-of-empathy/409912/

3. https://www.penguinrandomhouse.com/books/309214/the-filter-
bubbleby-eli-pariser/9780143121237

4. https://www.theguardian.com/technology/2017/jul/31/facebook-
dark-ads-can-swing-opinions-politics-research-shows

5. https://www.forbes.com/sites/jaymcgregor/2017/07/31/why-
facebook-dark-ads-arent-going-away/

6. https://slate.com/technology/2018/02/no-a-study-did-not-claim-
that-fake-news-on-facebook-didnt-affect-the-election.html

7. 내가 캘리포니아 버클리에 살아서인지, 우리 동네에는 주기적으로 극보
수주의자들이 시위를 하러 난입한다. 그런데 경악스럽게도 픽업트럭 범퍼
에 공화당 스티커를 붙인 사람들이 나와 내 가족에게 불쾌한 표정을 지
어 보인 적이 여러 번 있었다. 우리와 전혀 모르는 사이인데도 말이다. 한
번은 그런 사람들 중 한 명이 '너희를 확 치고 지나가겠다'는 듯이 우리
가족이 있는 쪽으로 핸들을 확 꺾은 적도 있었다. 그 운전자가 어떤 것들
을 접했는지 내가 알 수 있었다면, 그의 심정을 헤아릴 기회가 있었을 것
이다. 혹은 대화를 나눌 수도 있었을지도 모른다. 버머는 우리가 그렇게
해볼 가능성을 박탈했다.

8. https://www.wired.com/story/free-speech-issue-reddit-change-
my-view/

논점 7

1. https://arxiv.org/abs/1408.3550

2. https://papers.ssrn.com/sol3/papers.cfm?abstract_id=2886783

3. http://journals.plos.org/plosone/article?id=10.1371/journal.
pone.0069841

4. https://academic.oup.com/aje/article-abstract/185/3/203/2915143

5. http://rsos.royalsocietypublishing.org/content/3/1/150292

6. http://www.ajpmonline.org/article/S0749-3797(17)30016-8/fulltext

7. https://www.theguardian.com/technology/2017/may/01/facebook-advertising-data-insecure-teens

8. http://www.sciencedirect.com/science/article/pii/S0747563214001241

9. https://www.nytimes.com/2014/07/01/opinion/jaron-lanier-on-lack-of-transparency-in-facebook-study.html

10. http://www.pnas.org/content/111/24/8788.full

11. https://newsroom.fb.com/news/2017/12/hard-questions-is-spending-time-on-social-media-bad-for-us/

12. https://slate.com/human-interest/2018/01/the-facebook-moms-group-that-has-helped-me-raise-kids-without-going-crazy.html

13. 소셜미디어 사용에 긍정적인 영향과 부정적인 영향이 모두 있음을 밝히고, 그 특징을 설명한 연구는 다음 문헌을 참고하라. http://www.jahonline.org/article/S1054-139X(15)00214-1/abstract/
살이 찔까봐 걱정하는 대학생 나이 또래 여성들에게는 소셜미디어의 연결 측면이 도움이 되지만, 상호 평가 측면은 도움이 안 된다. 이 결과는 인터넷으로 가능해진 연결은 긍정적이지만, 상업적인 소셜미디어가 강조하는 일부 부가적인 기능들은 해롭다는 가설을 뒷받침한다.

14. 물론 어떤 환경에서는 소셜미디어가 긍정적인 영향을 끼치기도 한다. 하지만 전체적인 영향은 부정적이다. 이 주제를 다룬 학계의 저널로 테일러와 프랜시스가 발행한 『미디어 심리학Media Psychology』을 추천한다. http://www.tandfonline.com/loi/hmep20/
소셜미디어에서의 긍정적인 사례를 밝힌 신뢰할만한 학자로는 모리아 버크가 있다. http://www.thoughtcrumbs.com/

15. https://www.sciencedirect.com/science/article/pii/S0747563216302941/

16. https://www.eurekalert.org/pub_releases/2015-05/sdsu-

caa050415.php

17. http://annenberg.usc.edu/news/around-usc-annenberg/family-time-decreasing-internet-use

18. https://www.theguardian.com/society/2017/sep/23/stress-anxiety-fuel-mental-health-crisis-girls-young-women

19. http://www.pnas.org/content/pnas/early/2017/10/16/1708518114.full.pdf

20. http://www.smh.com.au/technology/smartphone-apps/fuelling-a-mental-health-crisis-instagram-worst-social-network-for-young-peoples-mental-health-20170520-gw9fvq.html

21. https://www.cbsnews.com/news/nsa-breach-shadow-brokers-michael-morell/

22. https://www.theguardian.com/media/2017/mar/07/wikileaks-publishes-biggest-ever-leak-of-secret-cia-documents-hacking-surveillance

23. 이 정예의 항목에 트럼프의 소득 신고도 포함시킬 수 있겠다.

24. https://www.nytimes.com/2016/08/24/us/politics/facebook-ads-politics.html

25. https://papers.ssrn.com/sol3/papers.cfm?abstract_id=2475265

26. https://www.reuters.com/article/us-usa-immigration-visa/trump-administration-approves-tougher-visa-vetting-including-social-media-checks-idUSKBN18R3F8

27. https://www.forbes.com/sites/adp/2016/10/24/how-to-legally-use-social-media-to-recruit/#1fd4ebce29f4

28. https://www.tuition.io/2014/04/social-media-shocker-twitter-facebook-can-cost-scholarship-admissions-offer/

29. https://www.edmunds.com/auto-insurance/car-insurance-companies-use-facebook-for-claims-investigations.html

30. https://www.theguardian.com/technology/2016/oct/11/aclu-geofeedia-facebook-twitter-instagram-black-lives-matter

31. https://www.forbes.com/sites/kashmirhill/2014/10/03/god-view-uber-allegedly-stalked-users-for-party-goers-viewing-pleasure/

32. http://fortune.com/2016/04/27/zuckerberg-facebook-control/

33. https://www.theguardian.com/media/2016/sep/21/does-quitting-social-media-make-you-happier-yes-say-young-people-doing-it

논점 8

1. 이 주장은 나의 책 『미래는 누구의 것인가』(노승영 옮김, 열린책들, 2016, 원서는 2013)와 『디지털 휴머니즘』에서 설명했던 내용이다.

2. https://papers.ssrn.com/sol3/papers.cfm?abstract id =3093683/; https://www.economist.com/news/finance-and-economics/21734390-and-new-paper-proposes-should-data-providers-unionise-should-internet

3. 버머화되었을 가능성도 있는 일부 인터넷 사이트들은 정기 구독 모델을 시도하고 있다. https://mobile.nytimes.com/2017/05/20/technology/evan-williams-medium-twitter-internet.html

4. https://www.cbsnews.com/news/social-media-influencers-brand-advertising/

5. https://news.vice.com/enca/article/8xmmb4/what-does-it-take-to-make-a-living-on-social-media

논점 9

1. 이 항목은 정치에 관한 것이다. 논의를 진행하기에 앞서서 한 가지 당연한 이야기를 짚고 넘어가야겠다. 이것은 극히 중요한 주제이고, 나는 독

자 여러분이 아마도 경험하지 못했을 측면을 봤기 때문에 그 부분에 대해서 이야기하려고 한다. 나는 백인 컴퓨터 기술자이지만 논리를 전개하기 위해서는 내가 아는 사회뿐 아니라 미국 흑인들의 경험처럼 내가 모르는 부분에 관해서도 이야기해야 한다. 십중팔구 백인, 남성, 컴퓨터 기술자 등의 입장에서 거들먹거리며 설명하는 오류를 범할 것이다. 그저 그럴 수밖에 없겠다고 받아들여줬으면 좋겠다. 여러분이 각자 내 말에서 쓸 만한 부분만 받아들이기를 바란다. 나도 내가 모든 걸 다 알지는 못한다는 걸 안다.

2. https://www.weforum.org/agenda/2017/06/millennials-are-rapidly-losing-interest-in-democracy/

3. https://www.nytimes.com/2017/10/29/business/facebook-misinformation-abroad.html

4. https://www.washingtonpost.com/world/asia_pacific/indias-millions-of-new-internet-users-are-falling-for-fake-news%E2%80%94sometimes-with-deadly-consequences /2017/10/01/f078eaee-9f7f-11e7-8ed4-a750b67c552b_story.html

5. http://www.securitycouncilreport.org/atf/cf/%7B65BFCF9B-6D27-4E9C-8CD3-CF6E4FF96FF9%7D/s_2016_963.pdf

6. http://www.nytimes.com/2012/02/19/books/review/how-an-egyptian-revolution-began-on-facebook.html

7. https://www.wired.com/2016/03/isis-winning-social-media-war-heres-beat/

8. http://www.dailymail.co.uk/news/article-4858216/Victim-Gamergate-s-horrific-online-abuse-reveals-trauma.html

9. http://time.com/3923651/meet-the-woman-helping-gamergate-victims-come-out-of-the-shadows/

10. http://www.zero-books.net/books/kill-all-normies

11. https://transequality.org/the-discrimination-administration

12. https://www.washingtonpost.com/news/acts-of-faith/wp/2016
/06/08/trump-on-god-hopefully-i-wont-have-to-be-asking-
for-much-forgiveness/

13. https://www.rawstory.com/2017/03/russians-used-bernie-bros-
as-unwitting-agents-in-disinformation-campaign-senate-intel-
witness/

14. https://www.vox.com/policy-and-politics/2018/2/24/17047880/
conservatives-amplified-russian-trolls-more-often-than-
liberals

15. https://www.wired.com/story/how-trump-conquered-
facebookwithout-russian-ads/

16. 트럼프 선거 캠프의 소셜미디어 책임자인 브래드 파스칼은 트위터를 통
해 이렇게 밝혔다. "상대보다 100배에서 200배는 됐을 거라 장담한다.
CPM(1000명에게 광고 메시지를 전달하는 데 드는 비용)이 몇 페니밖에
안 드는 경우도 있었다. 그건 도널드 트럼프(@realDonaldTrump)가 페
이스북에 딱 맞는 후보이기 때문이다."

17. https://slate.com/technology/2018/03/did-facebook-really-
charge-clinton-more-for-ads-than-trump.html

18. https://www.cbsnews.com/news/facebook-embeds-russia-and-
the-trump-campaigns-secret-weapon/

19. http://www.nature.com/news/facebook-experiment-boosts-us-
voter-turnout-1.11401

20. http://dailycaller.com/2016/08/24/facebook-is-determining-
your-political-affiliation-tracks-your-activity/

21. http://www.pnas.org/content/111/24/8788.full

22. https://www.theguardian.com/world/2017/oct/21/russia-social-
media-activism-blacktivist

23. 이탈리아 유권자들은 하나부터 열까지 버머다운 특성으로 똘똘 뭉

친 정당 편을 들었다. http://www.nytimes.com/2018/02/28/world/europe/italy-election-davide-casaleggio-five-star.html

24. 이 책 원고를 인쇄소에 넘긴 직후에 플로리다에 있는 한 고등학교에서 끔찍한 총기 난사 사건이 벌어졌다. 버머는 언제나 그랬던 사회에 피해를 안길 방법을 탐색하며 그 사건을 파고들었다. https://www.wired.com/story/pro-gun-russian-bots-flood-twitter-after-parkland-shooting/

논점 10

1. http://www.independent.co.uk/news/world/middle-east/saudi-muslim-cleric-claims-the-earth-is-stationary-and-the-sun-rotates-around-it-10053516.html

2. https://weaponsofmathdestructionbook.com/

3. '맹자孟子 몰드버그Mencius Moldbug'라는 필명으로 통하는 대안우파 작가가 했던 다음과 같은 말이 잘 알려져 있다. "여러모로 볼 때 터무니없는 소리는 진실보다 효과적인 조직화 도구다. 터무니없는 사실을 믿는 건 거짓으로 꾸밀 수 없는 충정을 입증해 보인다. 그런 태도는 정치적인 제복의 역할을 한다. 그리고 이런 제복이 생기면 군대도 생긴다."

4. 버머의 기풍은 학문으로서의 과학에도 번졌다. 젊은 과학자들은 소셜미디어 인플루엔서를 꿈꾸는 사람들이 팔로워 수를 늘리려고 애쓰는 것과 마찬가지로 논문 인용 횟수를 늘리는 데 온 신경을 기울여야 한다.

5. http://www.businessinsider.com/new-facebook-mission-statement-2017-6

6. http://time.com/574/google-vs-death/

7. 이 프로젝트는 알파벳 자회사 중 하나인 칼리코Calico에서 계속 진행 중이다.

8. http://www.nationmultimedia.com/technology/Google-makes-machine-learning-artificial-intellige-30273758/

https://www.cnbc.com/2017/08/02/microsoft-2017-annual-report-lists-ai-as-top-priority/

https://www.fastcompany.com/3060570/facebooks-formula-for-winning-at-ai-/

https://www.reuters.com/article/us-amazon-com-reinvent-ai/amazon-steps-up-pace-in-artificial-intelligence-race-idUSKBN1DV3CZ

9. https://komarketing.com/industry-news/ai-digital-transformation-top-marketers-priorities-2018/

10. https://www.washingtonpost.com/news/innovations/wp/2017/10/29/saudi-arabia-which-denies-women-equal-rights-makes-a-robot-a-citizen/

11. 내가 예전에 썼던 글 중에 낙태할 권리를 지지하면서 인간 존엄의 문제를 어떻게 받아들여야 할지 다룬 내용이 있다. https://www.huffingtonpost.com/entry/the-latest-innocent-embry_b_8547.html

옮긴이 **신동숙**

끊임없이 배우고 탐구하는 삶이 좋아서 번역가의 길을 걷기 시작했다. 주옥같은 글에 어울리는 우리말 옷을 입히는 과정에 큰 재미를 느끼며, 의식 성장에 도움이 되는 좋은 책을 많이 소개하고 싶다는 꿈을 가지고 열심히 활동하고 있다.

고려대학교 영문학과 대학원을 졸업하고 바른번역 소속 번역가로 활동하면서 인문, 사회, 경제 경영 등 다양한 분야의 책을 번역해왔다. 주요 역서로는『경제의 특이점이 온다』『제리 카플란 인공지능의 미래』『인간은 필요 없다』『인간은 과소평가 되었다』『마초 패러독스』『노인은 없다』『학교 중심으로 수업을 바꿔라』『지금 당신의 차례가 온다면』 등이 있다.

지금 당장 당신의 SNS 계정을 삭제해야 할 10가지 이유

1판 1쇄	2019년 5월 15일
1판 3쇄	2022년 9월 23일

지은이	재런 러니어
옮긴이	신동숙
펴낸이	강성민
편집장	이은혜
마케팅	정민호 이숙재 김도윤 한민아 정진아 우상욱 정유선 김수인
브랜딩	함유지 함근아 김희숙 박민재 박진희 정승민
제작	강신은 김동욱 임현식

펴낸곳	(주)글항아리	출판등록 2009년 1월 19일 제406-2009-000002호

주소	10881 경기도 파주시 회동길 210
전자우편	bookpot@hanmail.net
전화번호	031-955-8891(마케팅) 031-955-1936(편집부)
팩스	031-955-2557

ISBN	978-89-6735-623-1 03300

잘못된 책은 구입하신 서점에서 교환해드립니다.
기타 교환 문의 031-955-2661, 3580

www.geulhangari.com